AF268938

Corps Expressif - Base du Mime

Body Talk/Corps Expressif – Base du Mime

Par Mario Diamond

French Copyright © 2022 by Modern Vaudeville Press
English Copyright © 2019 by Modern Vaudeville Press

Tous droits de reproduction et d'adaptation réservés; toute reproduction d'un extrait quelconque de ce livre, par photocopie, microfilm ou à l'aide des nouvelles technologies, est strictement interdite sans l'autorisation écrite de l'éditeur.

All rights reserved. No part of this publication may be reproduced, distributed, or transmitted in any form or by any means, including photocopying, recording, or other electronic or mechanical methods, without the prior written permission of the publisher, except in the case of brief quotations embodied in critical reviews and certain other noncommercial uses permitted by copyright law. For permission requests, write to the publisher, addressed "Attention: Permission Coordinator," at the address below:

Modern Vaudeville Press
113 E. Mayland St.
Philadelphia, PA 19144
USA
www.modernvaudevillepress.com
info@modernvaudevillepress.com

Photographies par René Beaumier – cpgp3.com

French ISBN: 978-1-958604-98-4
English ISBN: 978-1733971218

À Claude St-Denis, mon mentor silencieux …

Pour ceux qui sentent l'envie de s'exprimer sans trouver
les mots pour le faire.

Enseigner, c'est apprendre deux fois

Joseph Joubert

Contents

Préface

L'art du Mime

L'art du mime, c'est l'identification avec l'essence de toutes choses et la représentation des pensées et émotions à travers les expressions physiques silencieuses. Un mime travail avec les lois de la physique; le poids, la gravité, principes du mouvement et résistance et inertie. Nous bougeons à travers l'espace comme une substance visible et tangible.

La pratique du mime est différente des autres disciplines gestuelles comme la danse et la gymnastique. Elle est spécifique à l'art de la communication silencieuse. Par ce livre, Mario Diamond rend service en aidant à promouvoir les techniques et les principes de notre art incompris et fragile.

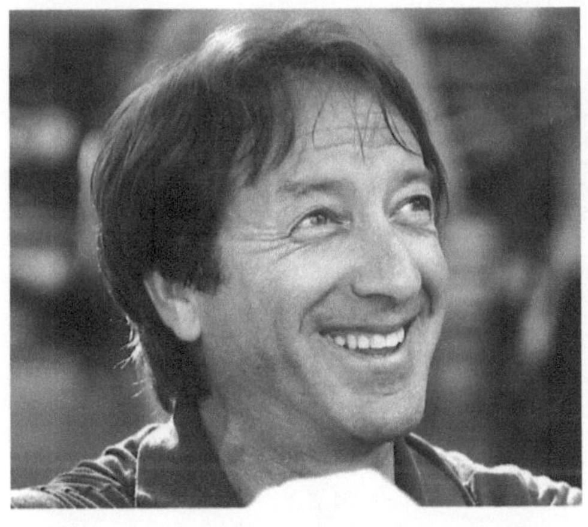

Rob Mermin

Rob Mermin a étudié le mime avec Marcel Marceau et Etienne Decroux avant d'entreprendre une carrière comme mime et clown silencieux dans les théâtres et les cirques. Pour en savoir plus sur lui et son travail, allez au www.RobMermin.com

Introduction

Tout jeune, j'étais déjà verbomoteur et je gesticulais sans arrêt. Quand ma mère n'en pouvait plus, elle me demandait de m'asseoir sur mes mains. C'était magique, plus un seul son ne sortait de ma bouche. Plus tard, j'ai réalisé que je doublais mon message alors que j'avais la capacité de communiquer sans dire un mot.

J'ai expérimenté la danse, une superbe discipline pour laquelle je n'avais qu'un talent très moyen. Je me suis ensuite tourné vers le théâtre où je me suis senti limité par le langage. Il fallait absolument que je puisse communiquer avec le monde entier. En 1976, je découvre le mime et en même temps, Vincent Marcotte, un professeur et pédagogue hors du commun. Après quelques heures en classe, ma décision est prise, je serai acteur silencieux.

Un an plus tard, le maitre mime Claude St-Denis se produisait dans un théâtre près de chez moi. Il fallait que je sache comment une personne, seule sur scène, peut arriver à meubler l'espace, sans décors, sans musique ni accessoires et garder les gens intéressés pendant une heure ou plus. Après la représentation, j'ai eu la chance de le rencontrer pour parler de silence. Quelques mois plus tard, je suis devenu son élève et son partenaire d'écriture et de scène.

Bien que l'enseignement prenne de plus en plus de place dans ma vie, je me produis toujours sur scène et j'explore le mime dans différents domaines, par exemple, au cinéma, comme acteur physique. J'enseigne surtout à des gens qui ne deviendront pas
mime et qui souhaitent apprendre plus rapidement en utilisant les techniques comme supplément à leur spécialité. J'ai donc développé mes propres méthodes pour adapter le mime aux différentes disciplines tel que; le patinage artistique, la jonglerie, la magie et même la politique.

La théorie nourri la connaissance mais il n'y a rien comme la pratique pour en comprendre l'utilisation. Je vous explique et ensuite, à vous d'explorer et d'appliquer.

Définitions

Mime

Jouer, acter, sans l'usage de la parole. Utiliser le corps, les mains et les expressions du visage pour communiquer nos émotions ou raconter une histoire.

Mime

Le mime est un art complet. Un mode d'expression, comme la danse, la musique, la sculpture et toute autre forme d'art. Sur scène vous êtes loin des gens. Votre corps devient le microphone de votre jeu.

Mime

La personne qui pratique le mime.

Origines

Le mime est considéré comme une des formes d'expression les plus anciennes. On peut imaginer qu'il était utilisé par nécessité avant l'apparition des mots.

Quelques millénaires plus tard, le mime se développera dans la Grèce antique. Histoire ou légende, on dit que le mime, tel qu'on le connait aujourd'hui, aurait vu le jour au Théâtre Dionysos.

Quelques centaines d'années plus tard, en 1816, une famille de bohémiens acrobates se produisait à Paris. Le fils de la famille, Jean Gaspard Batiste Deburau, fut engagé au théâtre Funambules sur le Boulevard du Temple. Il s'y produira jusqu'à sa mort. Pendant cette période, il transformera la comédie bouffonne qu'était le mime, en l'art que l'on connait aujourd'hui. Deburau était un maitre dans son art, il est le créateur du personnage Pierrot, l'éternel et triste amoureux.

C'est en 1921 à L'École du Vieux-Colombier, à Paris en France que Jacques Copeau, Charles Dullin, Etienne Decroux, Jean-Louis Barrault et les autres, entreprirent d'explorer et développer ce qui devint la nouvelle vision du mime. Dans cette même période, le cinéma nous offrit de grands acteurs physiques tels que Charles Chaplin and Buster Keaton.

Au cours des prochaines décennies, le nouveau mime prit différentes directions. Marcel Marceau, un élève d'Etienne Decroux allait devenir le mime le plus populaire de tous les temps.

À notre époque, les gens comme Claude St-Denis, Vincent Marcotte, Jean Asselin, Bill Irwin, Robert Shield et bien d'autres, on sut maintenir l'art du mime bien en vie.

Il est temps d'étudier votre corps et ses outils de communication.

Visage

Exercices pour les muscles du visage.

Sourcils: placez vos index au-dessus de vos sourcils, ensuite levez vos sourcils le plus haut possible pour sentir le mouvement sous vos doigts. Ne poussez pas avec vos doigts. Seuls les muscles des arcades sourcilières doivent travailler.

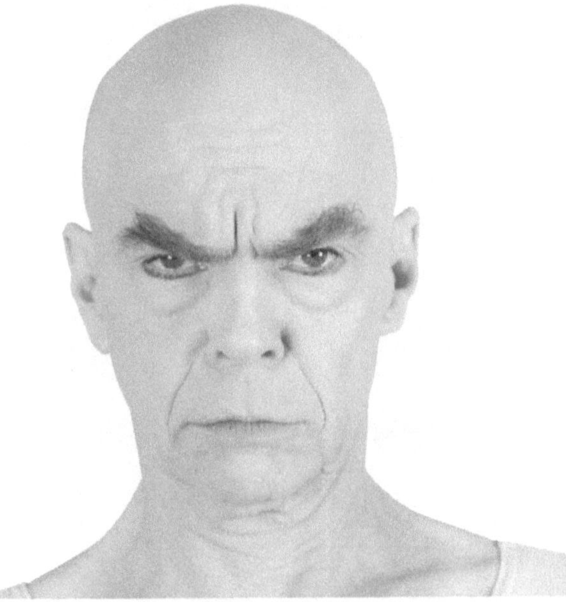

Fig. 1 - Sourcils

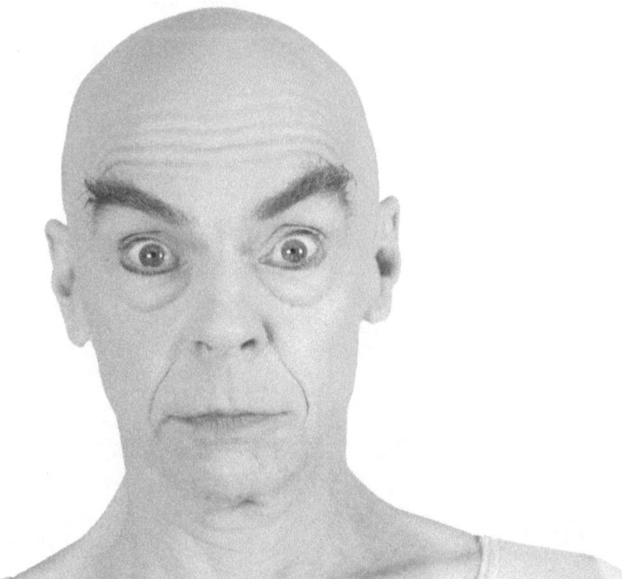

Fig. 2 - Sourcils

Paupières: regardez droit devant et ouvrez grand vos yeux en prenant soin d'utiliser seulement les paupières, le reste du visage est relax. Répétez une dizaine de fois. Votre expression sera peut-être effrayante.

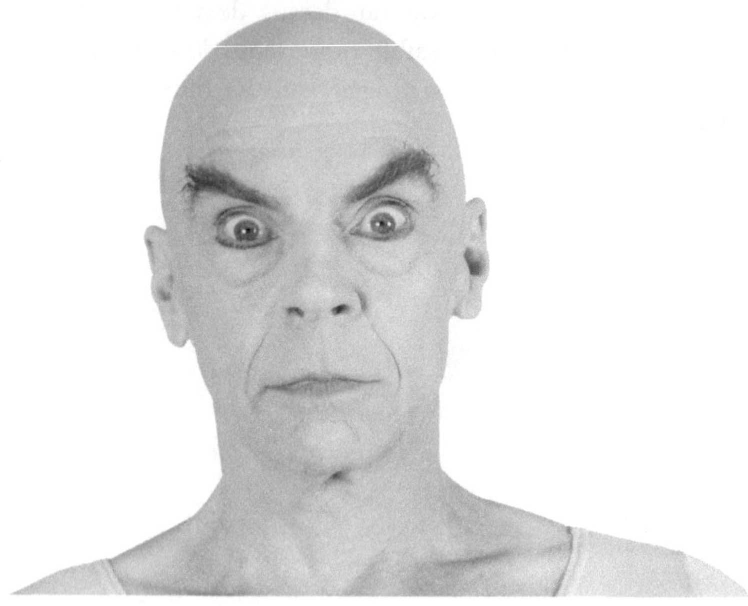

Fig. 3 - Paupières

Lèvres et visage: prononcez lentement les voyelles en utilisant seulement les lèvres. Répétez l'exercice en ajoutant la mâchoire puis, tout le reste du visage. Ne craignez pas l'exagération, ça fait partie de l'entrainement.

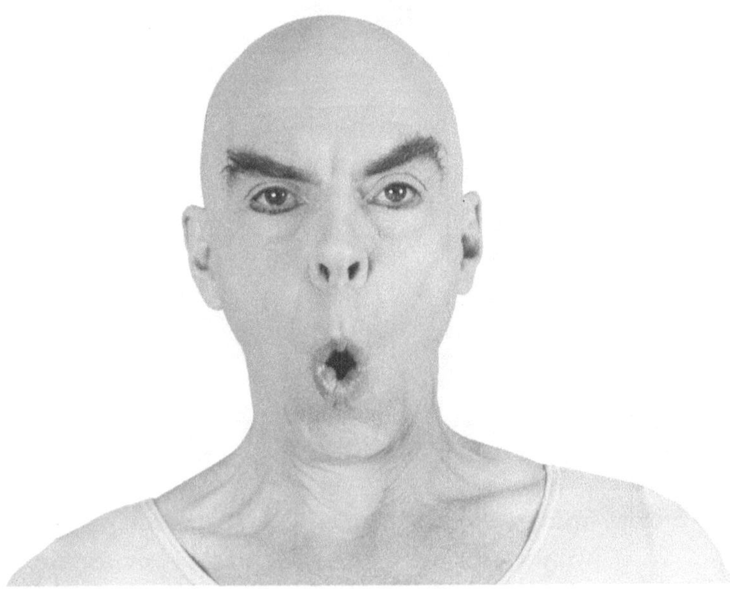

Fig. 4 - Voyelles

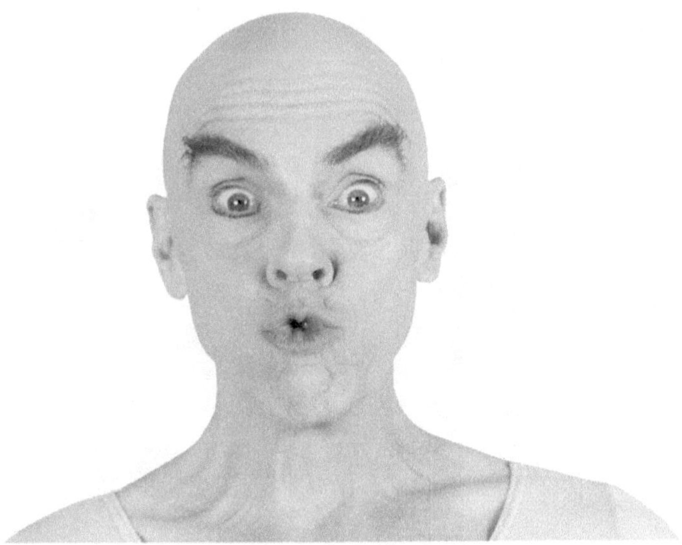

Fig. 5 - Voyelles

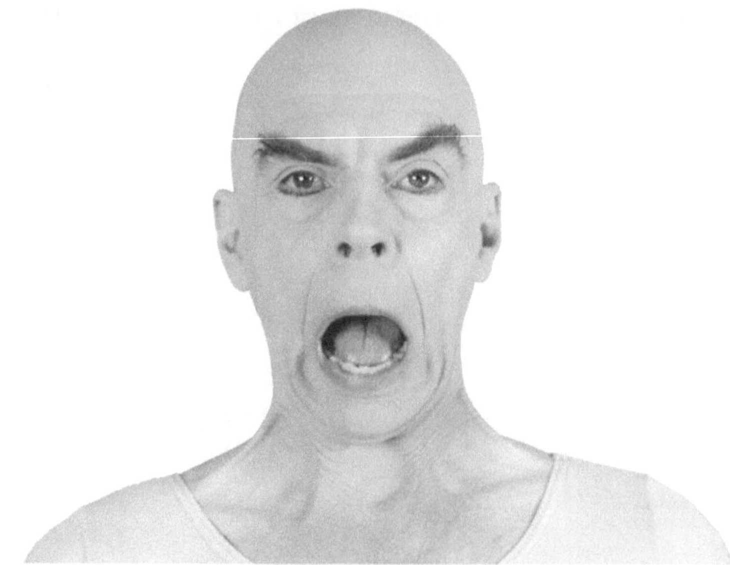

Fig. 6 - Voyelles

Devant un miroir, étudiez votre visage en essayant les expressions le plus tordues qui vous pouvez imaginer. Pour les débuts, évitez de pratiquer devant public. Maintenant, amusez-vous à reproduire toutes les émotions connues.

Prenez place sur une chaise, gardez un visage neutre. Votre partenaire a pour mission de chuchoter des secrets à votre oreille, n'importe quoi même des choses insensées. Sans essayer de contrôler quoi que ce soit, laissez votre visage réagir à ce que vous entendez.

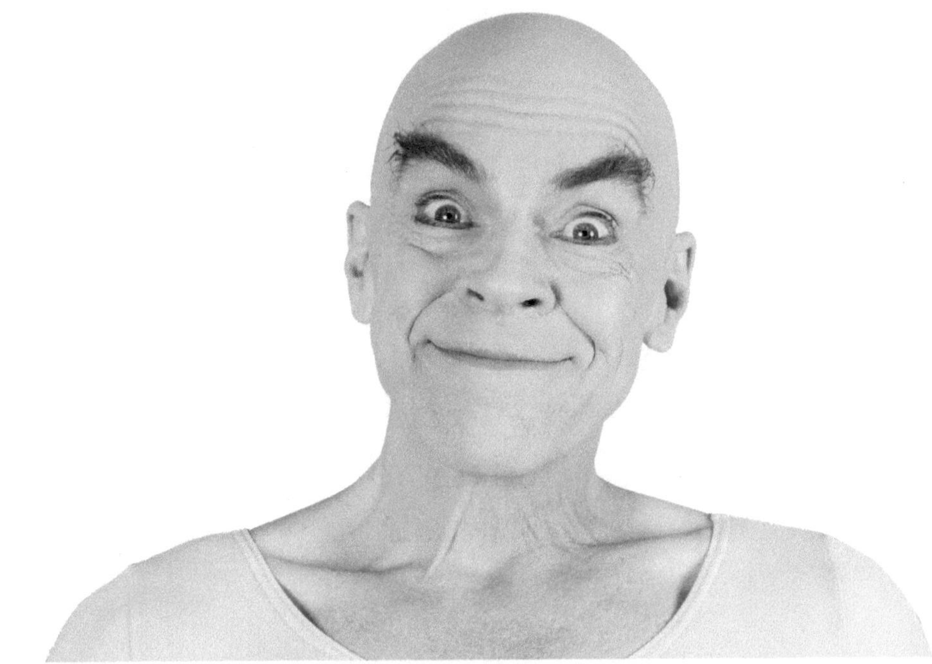

Fig. 7 - Tordu et torturé

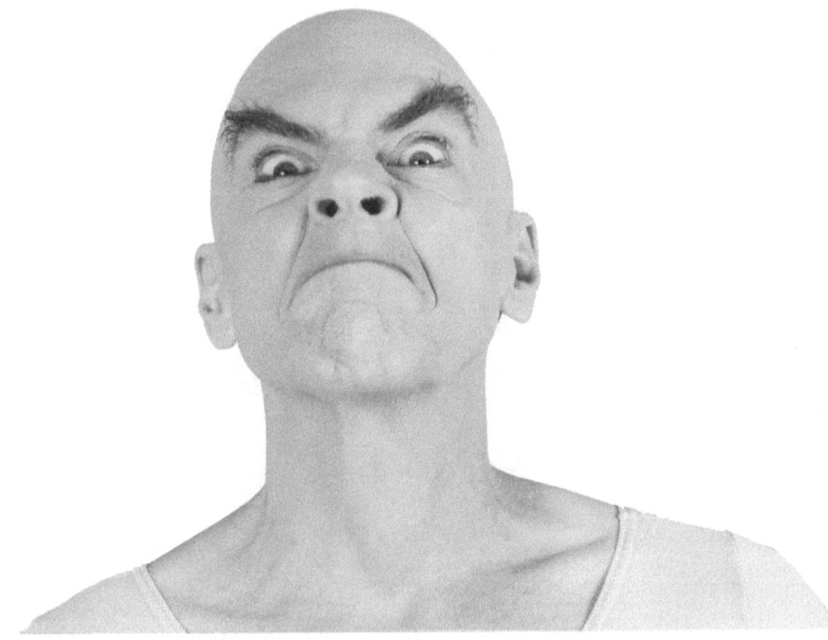

Fig. 8 - Tordu et torturé

Mains

Exercices

L'araignée

Sur un mur ou une table, reproduisez la démarche très peu gracieuse de l'araignée, en utilisant vos doigts comme pattes. Faites l'exercice lentement pour sentir le travail des tendons de votre main. De là amusez-vous à effrayer ou dégouter quelqu'un avec votre araignée.

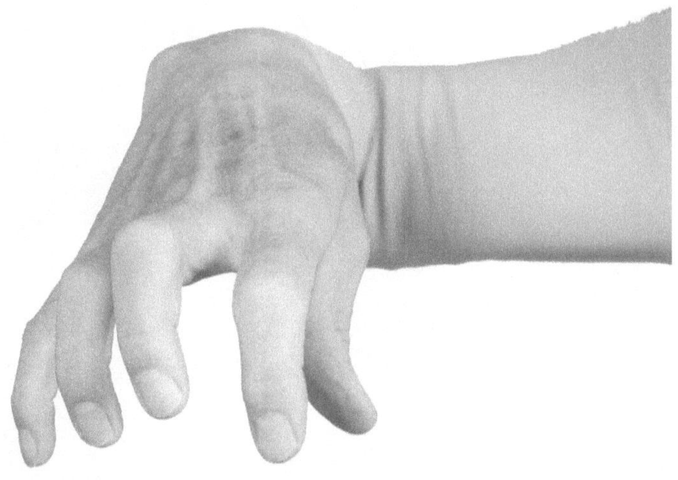

Fig. 9 - L'araignée

Vagues

Toujours sur un mur ou une table, recréez le mouvement de la vague en partant du poignet jusqu'au bouts des doigts. Ajoutez ensuite le coude, puis l'épaule. Vos vagues se transformeront en ailes de grands oiseaux.

Fig. 10 - Vagues

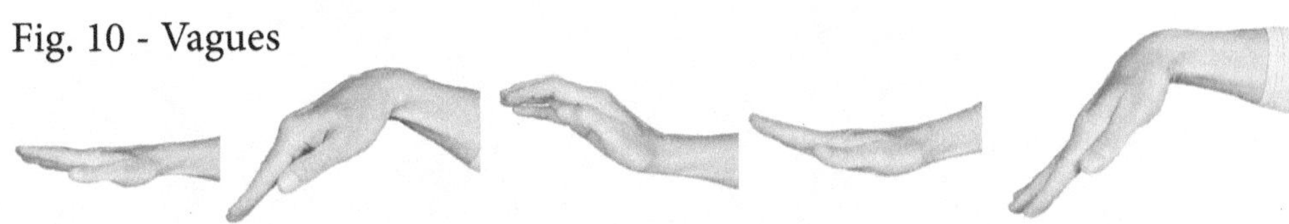

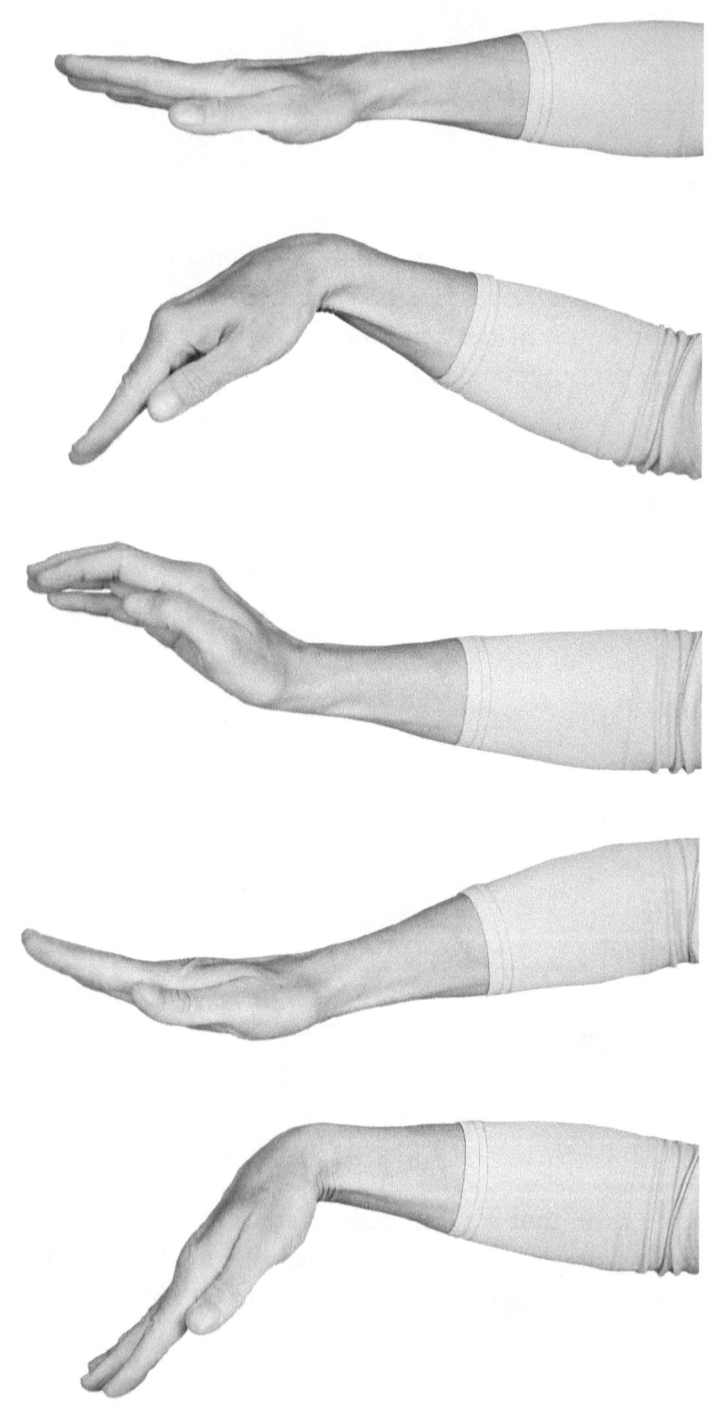

Fig. 10 - Vagues (cont.)

Utilisez maintenant vos mains pour des postures typiques. Par exemple:
pointez un doigt en signe d'autorité, comme votre mère ferait. Ensuite
soyez créatif; mains quoi supplient, main ou poing qui frappe, salutations,
envoyer un baiser…

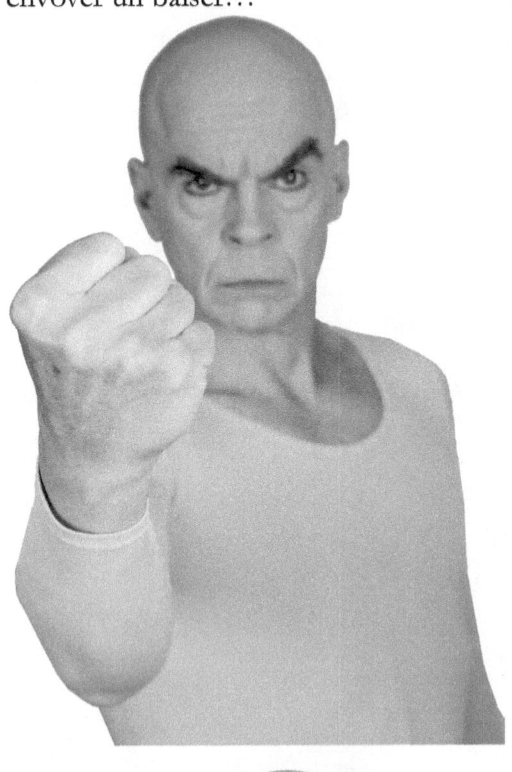

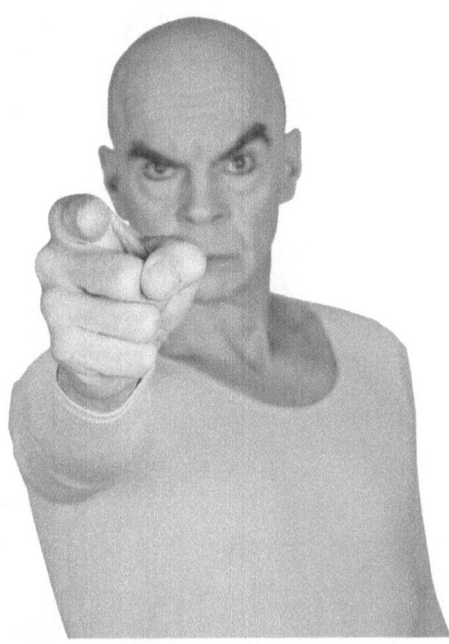

Fig. 11 - Postures typiques
pour les mains

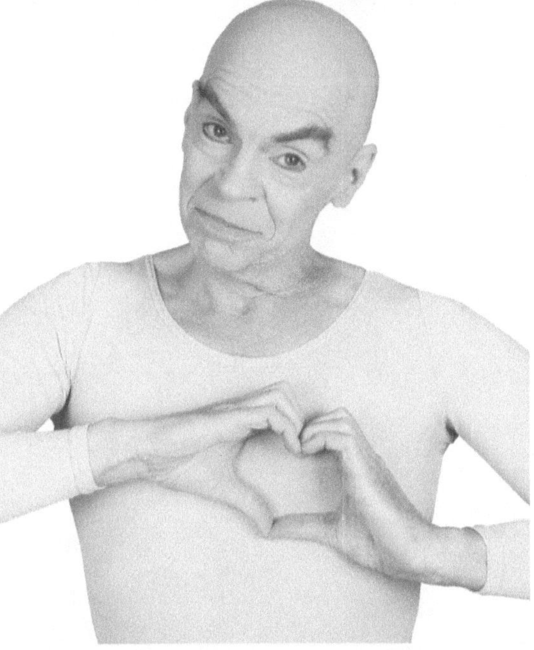

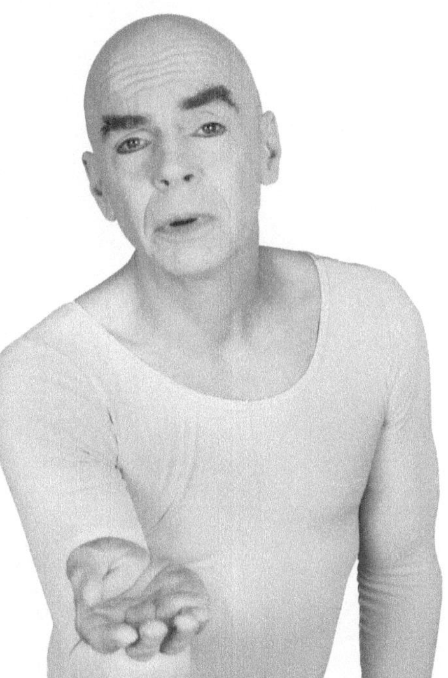

Étude

Les places publiques sont idéales pour l'étude du mime. Bien assis sur un banc, dans un parc ou un centre d'achat, observez les gens qui vous entourent. Regardez leurs mains, leurs démarches. Prêtez attention à ce qu'ils disent, quelle émotion montrent-ils ou cachent-ils? Les mains en disent long sur votre personnalité, votre vie. Sur scène, elles sont un allié essentiel à votre jeu.

Lignes de corps ou Axes

Avant tout, je vous explique la position zéro.

Tenez-vous debout, droit mais détendu. Vos talons distancés à largeur de poing (8 à 10 cm) et vos pieds en demi ouverture vers le devant. Balancez un peu d'un côté à l'autre puis de l'arrière à l'avant, jusqu'à trouver l'équilibre parfait. Vous êtes dans la position zéro.

Définitions

Ici, nous diviserons le corps en sept points que nous appellerons les sept axes. Chacun de ces axes peut servir pour exprimer ou démontrer un état d'être, une émotion, votre âge, etc.

Axe numéro 1: La base de la tête, le menton.

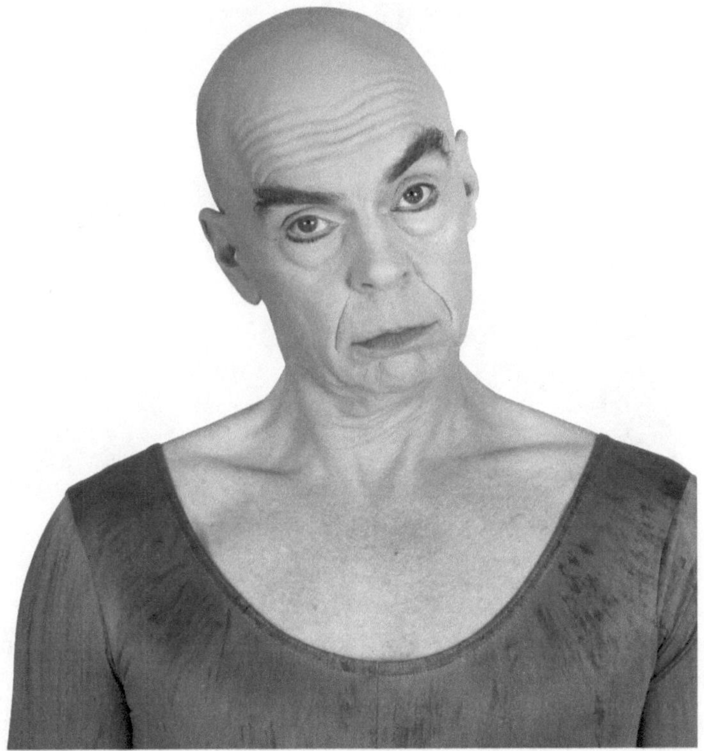

Fig. 12 - Axe numéro 1

Pour situer cet axe, faites de petits mouvements de la tête dans toutes les directions. Des petits oui, des petits non avec hésitation. C'est l'axe qui sert à dire; Je ne suis pas certain, ou encore; Hé! Tu me cherches ? Quand un bambin ou un petit chien veut quelque chose, et décide d'avoir une tête adorable, il n'a qu'à pencher légèrement la tête sur le côté et, voilà c'est fait, on lui donnera tout ce qu'il demande.

Exercice

Tenez-vous face à face avec un partenaire. Commencez à bouger lentement en tournant l'un autour de l'autre. Levez le menton un peu pour montrer votre supériorité. Votre partenaire fera de même et le combat de coq sera amorcé. Le but de cet exercice est de toujours être plus grand et plus fort que l'autre.

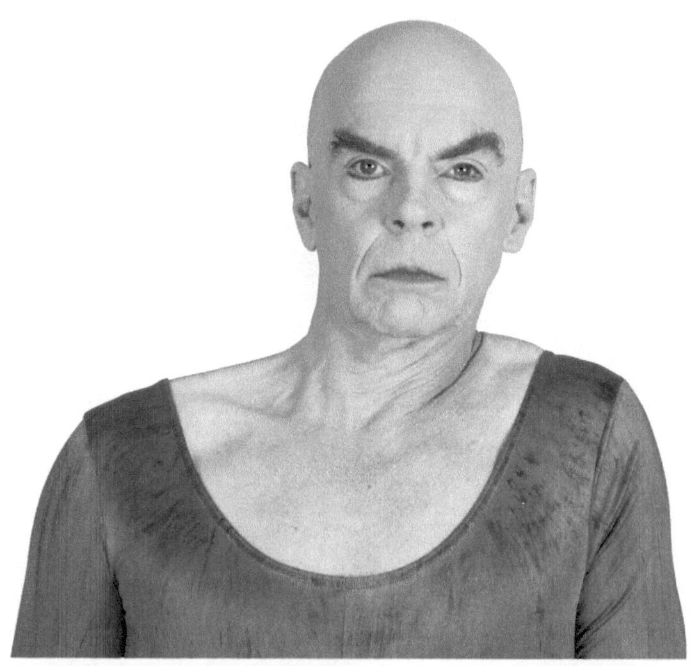

Fig. 13 - Axe numéro 2

Axe numéro 2: Le cou.

Celui-là, vous le trouverez en faisant de grands oui et de grands non, en glissant la tête devant et derrière comme un pigeon, ou d'un côté à l'autre comme en danse Indienne. Avec un bon entrainement, vous pourrez faire des tours glissés à 360 degrés. Cet axe sert à démontrer le découragement, la honte, la coquetterie etc. il sert aussi à exagérer l'axe numéro 1.

Axe numéro 3: Le plexus solaire.

C'est l'axe le plus démonstratif pour les émotions. Cherchez le en
donnant une légère courbe à votre torse devant, vers l'arrière ou sur
les côtés. Inspirez à pleins poumons jusqu'à vous sentir gonflé à bloc,
cela devrait vous donner une posture de puissance ou de fierté. Expirez
jusqu'à un vide total, votre corps aura l'air épuisé ou vieux.

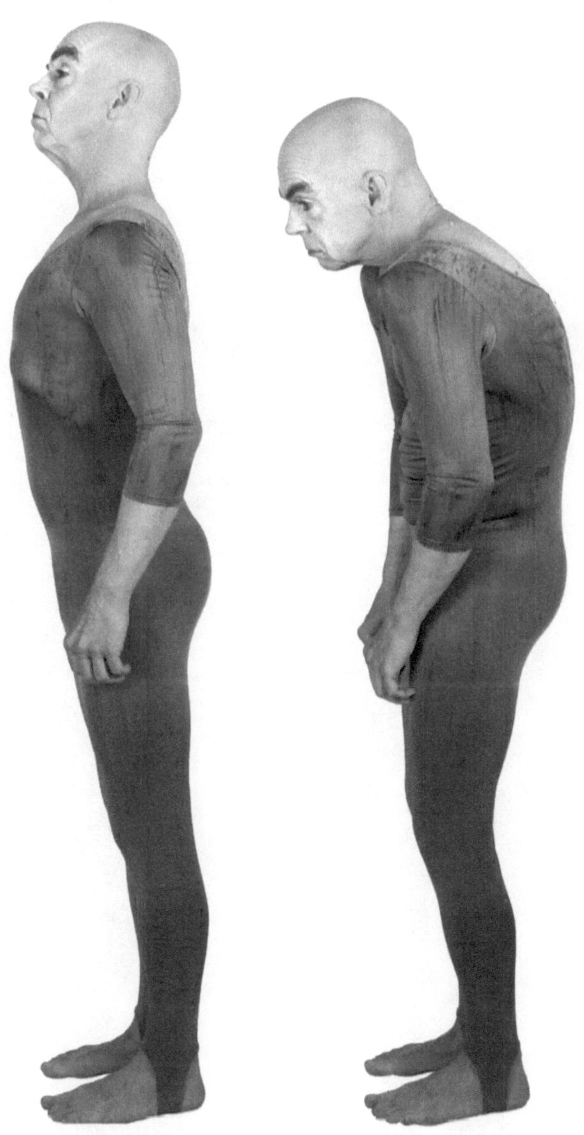

Fig. 14 - Axe numéro 3

C'est là où mon cœur bat, où ma poitrine se développe pendant ma croissance. Quand je suis fier ou imbu de moi-même. Quand je suis timide ou que je me sens inférieur, anxieux, battu, détruit ou victorieux et puissant. Chaplin était le maitre de cet axe. Regardez vers la droite, levez votre épaule droite juste un peu tout en courbant votre torse vers la droite et vous voilà dans une posture du Chaplin timide.

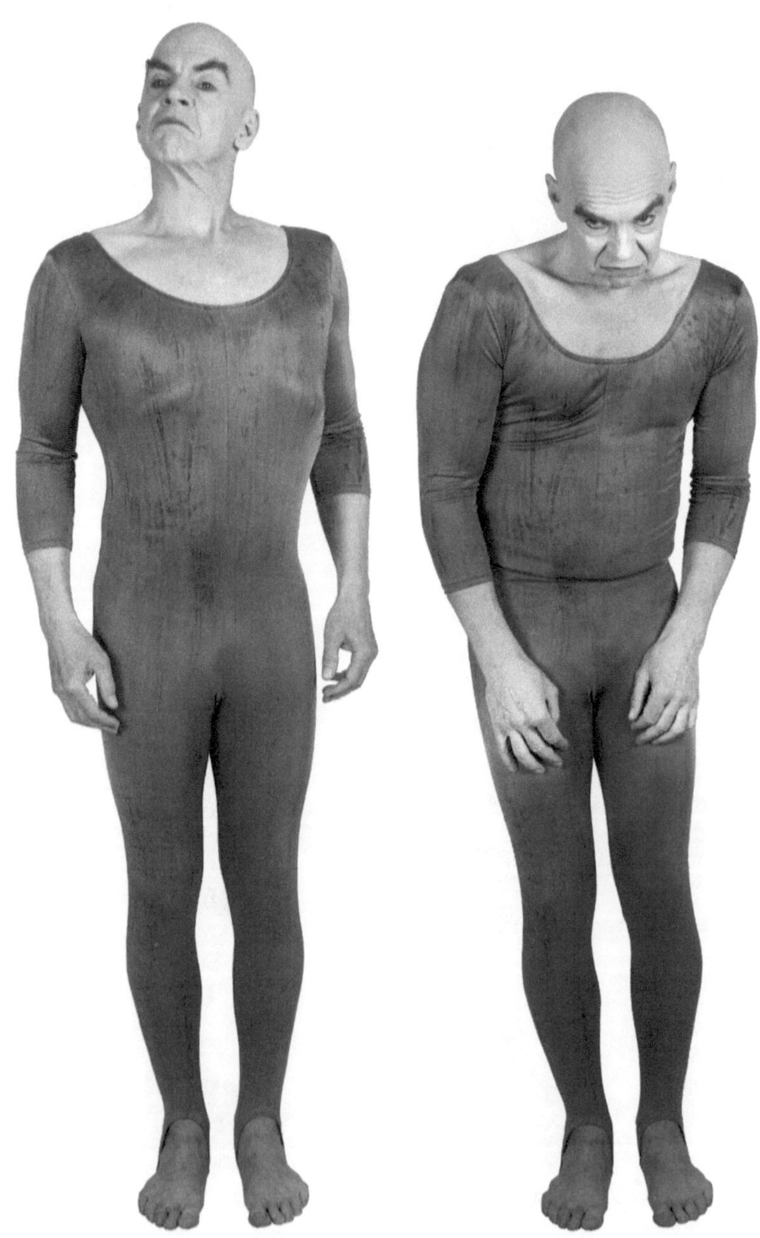

Fig. 15 - Axe numéro 3

18

Axe numéro 4: Le nombril, la taille.

Imaginez que l'on vous frappe directement au ventre. Votre corps va plier de douleurs. En danse, il existe un exercice que l'on appelle; contracte. Alors en expirant, courbez vers devant en collant votre nombril sur votre dos, revenez en ligne droite et courbez vers l'arrière en sortant votre ventre, comme pour la femme enceinte.

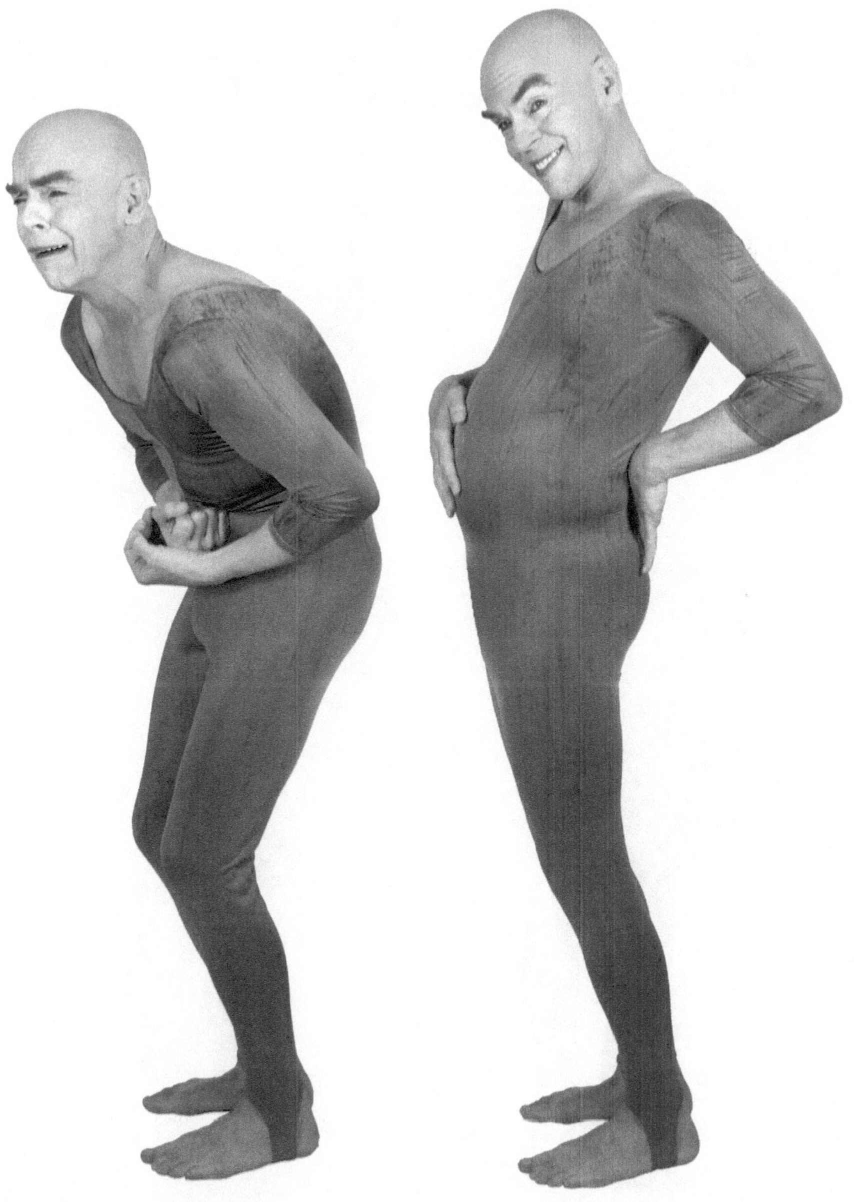

Fig. 16 - Axe numéro 4

Grace à cet axe, vous pouvez avoir un gros ventre ou démontrer toutes sortes de douleurs. Peine d'amour ou Hara-kiri. L'axe numéro 4 sert aussi à amplifier l'axe numéro 3 donc, pour être plus fatigué, plus vieux, plus victorieux etc. C'est très utile sur scène quand les gens sont loin.

Axe numéro 5: Les hanches, le bassin.

Facile à situer, nous sommes tous issue de cette région du corps. Bougez vos hanches en cercle, devant et derrière, d'un côté à l'autre. C'est l'axe de la provocation, sensualité, sexualité et de plusieurs types de danse. Il peut projeter de la perversion aussi bien que des mouvements clownesques.

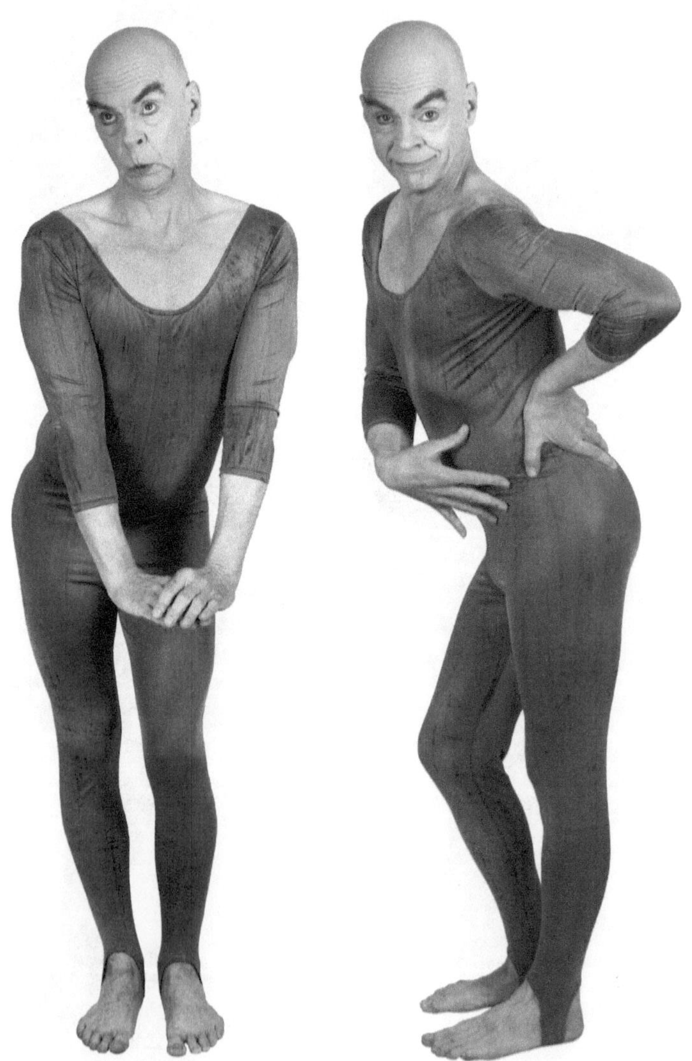

Fig. 17 - Axe numéro 5

Axe numéro 6: Les genoux.

Prenez la position zéro, ne pliez et dépliez que vos genoux, de bas en haut et en cercle. L'axe numéro 6 nous rend plus petit ou plus lourd, on peut reproduire la démarche de Godzilla ou d'une très vieille personne. Aussi utile pour imiter un handicap, une blessure ou tomber aux pieds de quelqu'un, en totale dévotion ou pour implorer. On peut passer du gorille menaçant à l'humain léger et fragile rien qu'en changeant l'angle d'un genou.

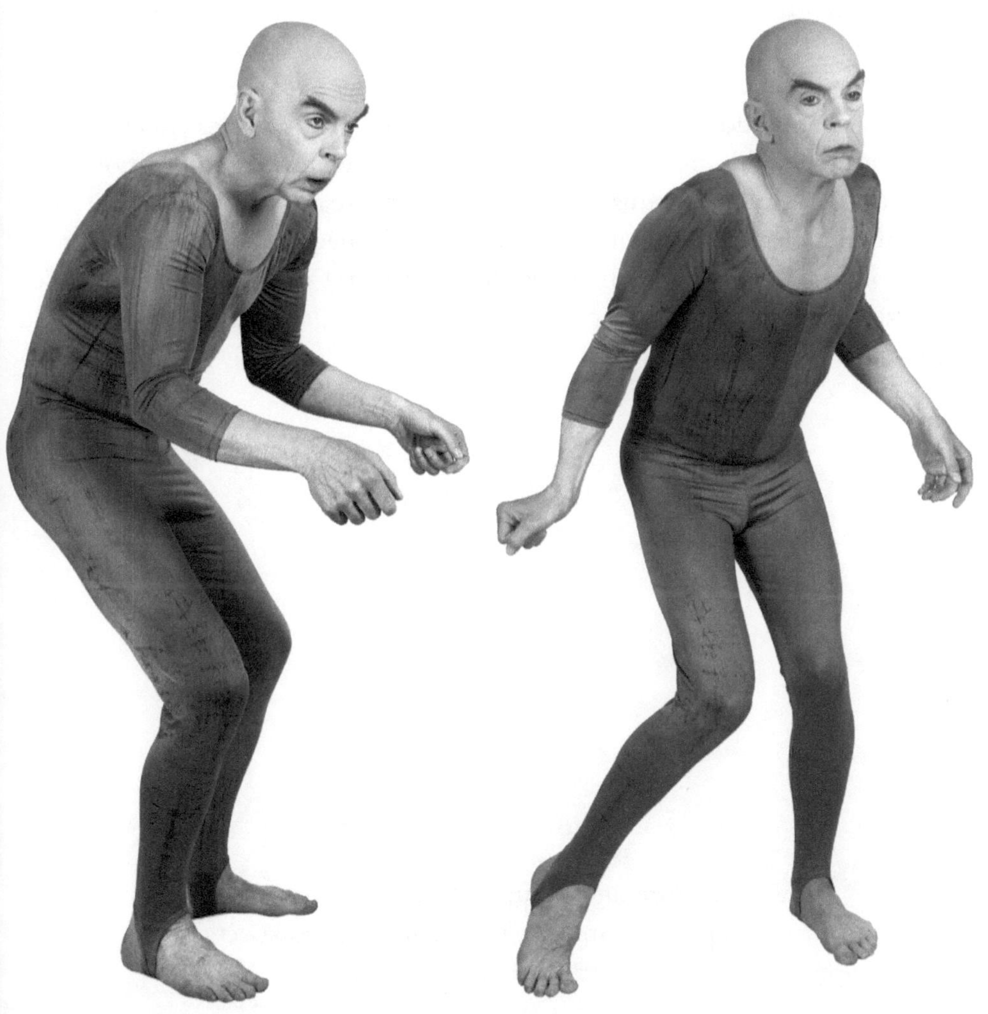

Fig. 18 - Axe numéro 6

Axe numéro 7: Les pieds et chevilles.

Comme pour les genoux, cet axe sert à varier notre hauteur et notre poids. En équilibre sur un pied, pointez l'autre et ramenez en flexion. Même chose des deux côtés.

Ce dernier axe vous fait grandir, vous rend léger comme un papillon, gracieux comme la ballerine. Combinez 6 et 7 et passez de l'immense lourdeur à la légèreté ou de la raideur à la grâce.

Exercices

De la position zéro, roulez la tête vers le bas en entrainant les épaules, le torse, le bas du dos les hanches et de là, pliez les genoux et les chevilles pour atteindre le sol du bout des doigts. Remontez lentement en position zéro. Ensuite, imaginez des situations où votre corps se retrouve dans différentes postures. Avec un partenaire, l'exercice du mannequin est conseillé. À tour de rôle, manipulez votre mannequin en étudiant comment combiner les 7 axes pour obtenir la posture voulu. États, âge, animaux, sculptures ou statues.

Trois choses à retenir;

Toujours faire un échauffement avant l'entrainement.
Toujours faire un échauffement avant un spectacle.
Toujours faire un échauffement.

Postures

Définition

La posture se construit par la combinaison des différents axes pour illustrer une personne, un animal, une maladie, une émotion, un état d'esprit ou toute autre chose qui vous vienne en tête.

Exercices

Le vieillissement: on connait tous quelqu'un qui, malgré son âge avancé, peut encore danser. Le but de cet exercice vise plutôt les stéréotypes. Commencez à votre âge ou plus jeune, Marchez lentement en pensant au corps vieillissant. Chacun de vos pas vous rend plus fatigué, plus vieux, malade et vraiment vieux. Les axes vous servent à bien montrer les étapes de la vie.

Le réveil: à l'opposé du vieillissement, commencez au sol, endormi. Levez-vous en vous réveillant lentement. De là, bougez plus vite, plus grand et plus heureux. Débordant d'énergie et de jeunesse.

L'arbre: numéro de Red Skelton, acteur-clown-mime.

Accroupi au sol mais sur vos pieds, vous commencez par être la semence et vous grandissez lentement jusqu'à être un petit arbre, avec de petites branches. Utilisez vos doigts pour les branches. Vous grandissez étape par étape, nourri par le soleil. Vos jambes deviennent le tronc et vos bras, de plus grosses branches. Vos doigts deviennent les feuilles dans lesquelles souffle le vent. L'addition des sept axes qui travaillent ensemble, peut donner des illusions d'émotions venant de l'arbre plein de vie. Le vent devient froid et l'arbre vieilli. Les feuilles tombent. Les branches rétrécissent et se tordent. Avec l'aide de vos jambes, contrôlez la descente de l'arbre qui s'affaisse lentement. Vous pouvez, à votre guise, y mettre des expressions de visage, créant ainsi des émotions humaines.

Étude

Rappelons-nous que tout lieu publique est une bonne école pour étudier les gens. Installez-vous sur un banc et ouvrez les yeux. Observez les gens qui vous entourent. Leurs démarches, comment ils s'assoient. La position de leurs pieds, de leurs mains et de leurs têtes. Comment certains regardent autour pendant que d'autres fixent le sol. Voyez la différence de comportement quand ils sont à deux ou en groupe. Quelles lignes de corps ou axes adopteront ils en public.

Ais-je dit de toujours bien vous préparer avant tout travail physique?

Énergie et Mouvement

Nos prédécesseurs, incluant Deburau, Decroux et Marceau, ont observé et exploré le mouvement de tout ce qui vie. Le résultat de ces études nous donne ce qu'on appellera; les quatre dynamiques du mouvement. Quand vous pouvez bien les contrôler et les comprendre, il devient facile de reproduire ce que vous désirez par le mouvement et les postures.

Dynamique numéro 1: Le Fondu

Fondu; mouvement continu, lent, normal ou rapide. Qui ne commence ni ne s'arrête sec. Un coureur, marcher comme dans un rêve, faire du Tai-Chi, toutes ces actions peuvent être reproduites en utilisant la dynamique du Fondu.

Exercices

Commencez par marcher lentement mais normalement. Puis ralentissez en allongeant les mouvements de vos jambes et de vos bras. Revenez à la normal puis, accélérez la marche. Revenez au ralentie et même très ralentie en vous imaginant dans un rêve ou sur la lune. Tous vos membres bougent à la même vitesse, même les expressions sur votre visage. Pas d'arrêt soudain ni de changement brutal de direction. Rien que des mouvements continus.

Dynamique numéro 2: Le Toc

Le Toc est un départ ou un arrêt net. On vous touche l'épaule et vous sursautez. On appelle votre nom et vous figer sur place. Vous êtes en méditation et le téléphone sonne. C'est comme l'instant du clic quand on prend une photo.

Exercices

Il sera plus facile de pratiquer le Toc en combinant avec le Fondu. Marchez lentement en faisant de grands gestes de bras et de jambes. Imaginez-vous dans une session de photo et à chaque clic, vous figez. Continuez l'exercice quelques minutes. Travaillez avec un partenaire, l'autre frappe dans les mains pour le Toc et vous réagissez. Avec l'habitude de pratiquer ces deux dynamiques de mouvement, il vous sera facile de les combiner pour reproduire les mouvements de l'automate.

Dynamique numéro 3: Le Rebond

Essayez de toucher les antennes d'un escargot, elles vont disparaitre avant que vous ne puissiez les atteindre et reviendront dans le même mouvement sans faire d'arrêt. Vous laissez tomber une balle, à l'instant où elle touche le sol, elle est déjà en remonté. Touchez un objet brûlant et votre main bondira automatiquement. Vous vous apprêtez à vous battre ou à flirter quelqu'un puis vous changez d'idée à la dernière seconde et partez en direction opposée. Toutes ces actions sont de la dynamique du Rebond.

Exercices

Marcher comme un joueur de basketball. Marchez normalement et après quelques secondes, rebondissez comme une balle de ping-pong. Marchez comme une personne ivre. Avec un partenaire, devenez des boxeurs au ralentie en utilisant le rebond pour frapper comme pour recevoir le cou. Autre choix; un match de tennis.

Dynamique numéro 4: Vibration

Tout mouvement, très court et très rapide, exécuté par n'importe quelle partie de votre corps; peut servir à reproduire la vibration causée par la peur, la maladie, la froid, l'excitation, les tremblements de terre et autre.

Exercices

Tenez-vous droit, en position zéro. Concentrez-vous sur vos cuisses et commencez à les faire vibrer pendant quelques secondes. Ajoutez les muscles fessiers, l'abdomen et le torse, les bras, les épaules, la tête… on arrête, respirez. Une seule minute comme ça et vous avez déjà un échauffement.

Étude

Il est maintenant temps d'aller dans les lieux publics et les pet shops. Observez bien les gens qui vous entourent. Sont-ils vraiment calme ou seulement lent, nerveux or énergique, paranoïaque ou fatigué? Maintenant, les animaux, qu'ont-ils de particulier dans leur façon de bouger? Quelle dynamique de mouvement pouvez-vous utiliser pour les imiter?

Au fait! N'oubliez pas de vous échauffer.

Exercices Généraux

Chaplin

Regarder un film de Chaplin est déjà toute une leçon de jeu. À l'aide des postures et dynamiques du mouvement, cherchez la façon de transformer votre propre corps pour devenir le personnage de Chaplin. Vous devriez ici, découvrir l'utilité des axes, plus spécifiquement les 1-2 et 3. Les quatre dynamiques du mouvement vous seront nécessaire en particulier, le rebond. Évidemment, n'oubliez pas tous les muscles du visage.

Animaux

Après votre visite au pet shop, rentrez chez vous ou trouvez-vous un endroit privé pour pratiquer la démarche et les mouvements de l'animal de votre choix. Cela pourrait être gênant au centre d'achat. Comme pour tout autre chose que vous déciderez d'imiter, commencez par évaluer la dynamique qui correspond le mieux à cet animal. Quelle ligne de corps, quel axe vous aidera à devenir comme cette petite chose. Amusez-vous avec les expressions de visage. Certaines de ces créatures en ont de très spéciales.

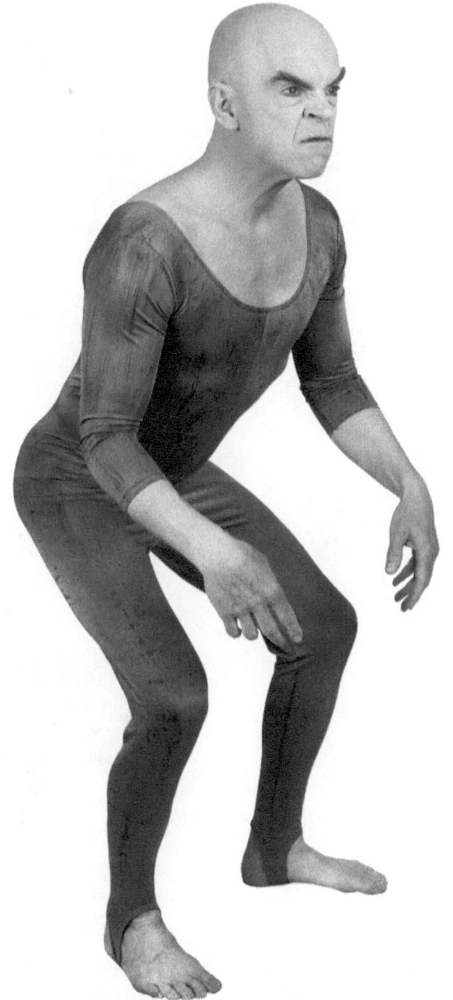

Fig. 19 - Animaux

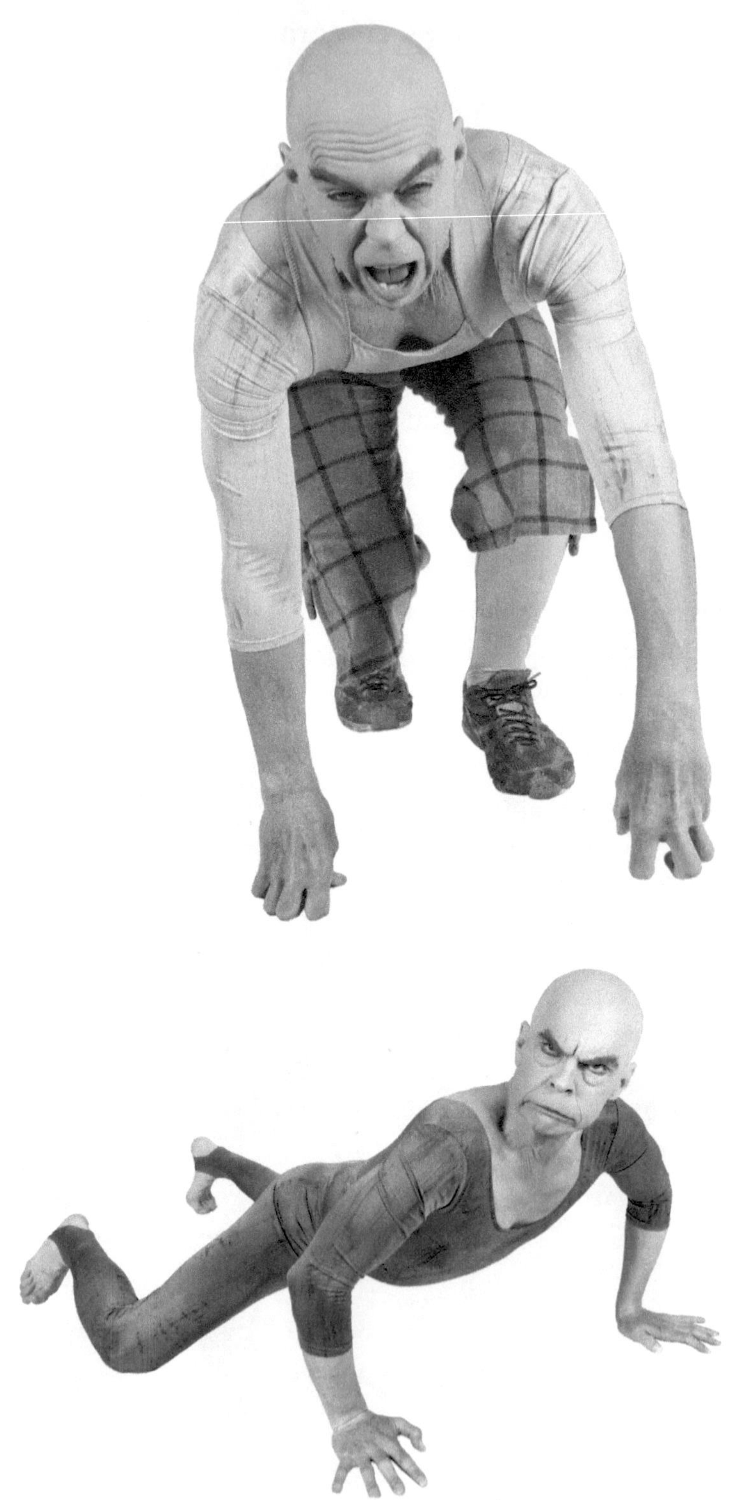

Fig. 19 - Animaux (cont.)
28

Effet Visuel

Le point fixe

Définitions

Le point fixe est là où vous l'imaginez dans l'espace. Il devient quelque chose quand lui et le reste de votre corps interagissent. Votre corps bouge pendant que lui, reste fixe. Certains diront ici; contrepoids ou contrepoint. On utilise les points fixes dans les classiques du mime telle que; le mur, la valise, l'haltérophile etc.

Mécaniquement parlant, votre corps bouge dans une direction pendant que la main bouge la même distance en direction opposé. C'est ici que le contrepoids prend son importance. En plus détaillé, vous tenez quelque chose dans votre main en point fixe. De là, si votre corps bouge de six pouces vers la gauche, la main bouge de six pouces vers la droite en même temps.

Exercices

J'aime bien l'idée d'expérimenter avec de vrais choses avant d'aller dans l'imaginaire. Devant un vrai mur, sentez sa surface avec vos mains. Fixez-les comme si elles y étaient collées et bougez le reste de votre corps autour. Même exercice avec une vraie corde dont vous attachez un bout. La classique de la poignée de main qui reste collée est très bien pour le travail à deux.

Au miroir; La corde

Devant un miroir, reproduisez avec vos mains la sensation que vous avez eu avec le mur et la corde. Observez le point fixe de vos mains dans l'espace. Attrapez la corde et tirez, changez la prise et tirez encore, comme pour une chaine de bateau. Donnez-lui de la tension, plus de poids. Variez les postures expressions de visage. Forcez jusqu'à vous convaincre vous-même. Si vous y croyez, la foule y croira aussi.

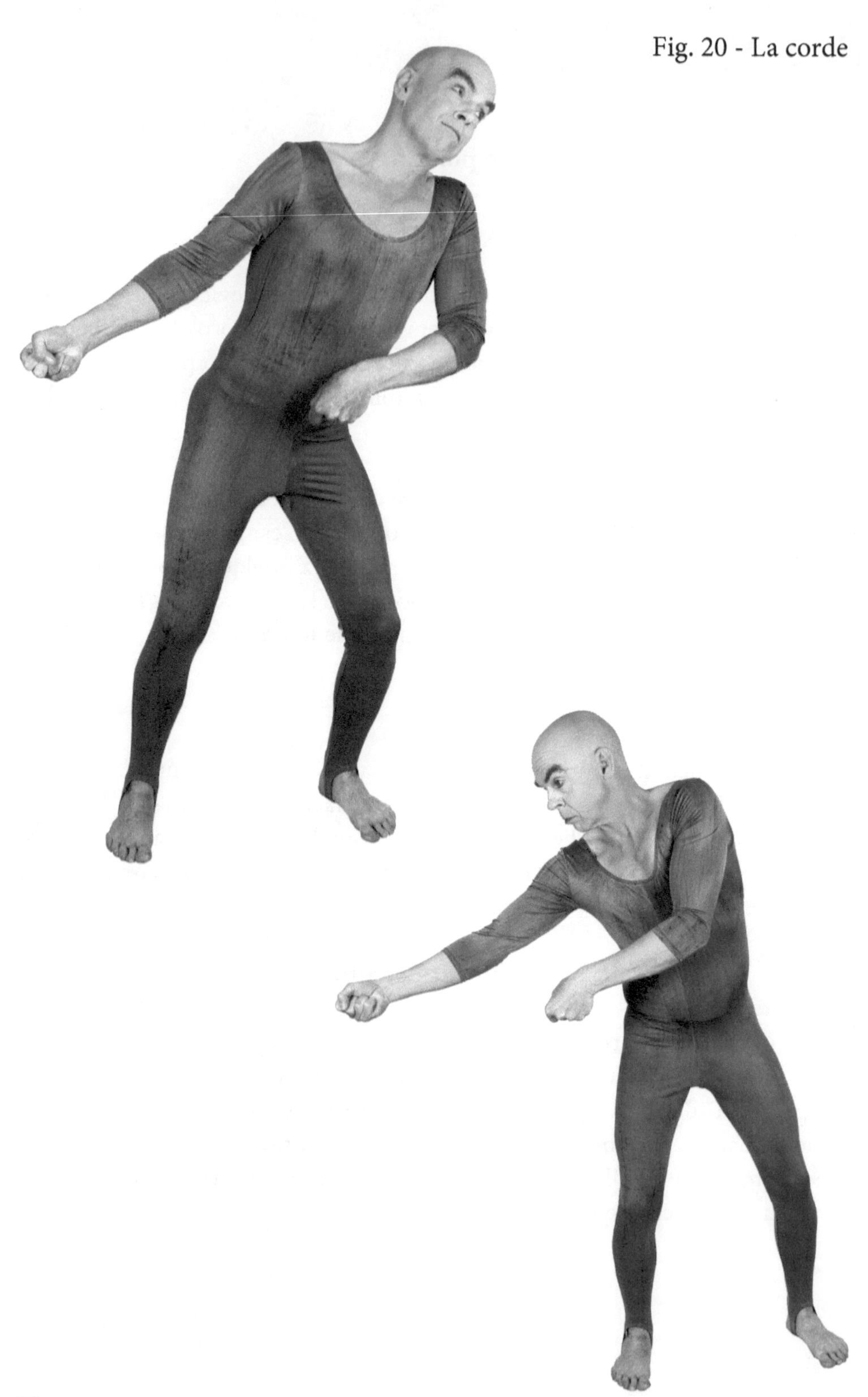

Fig. 20 - La corde

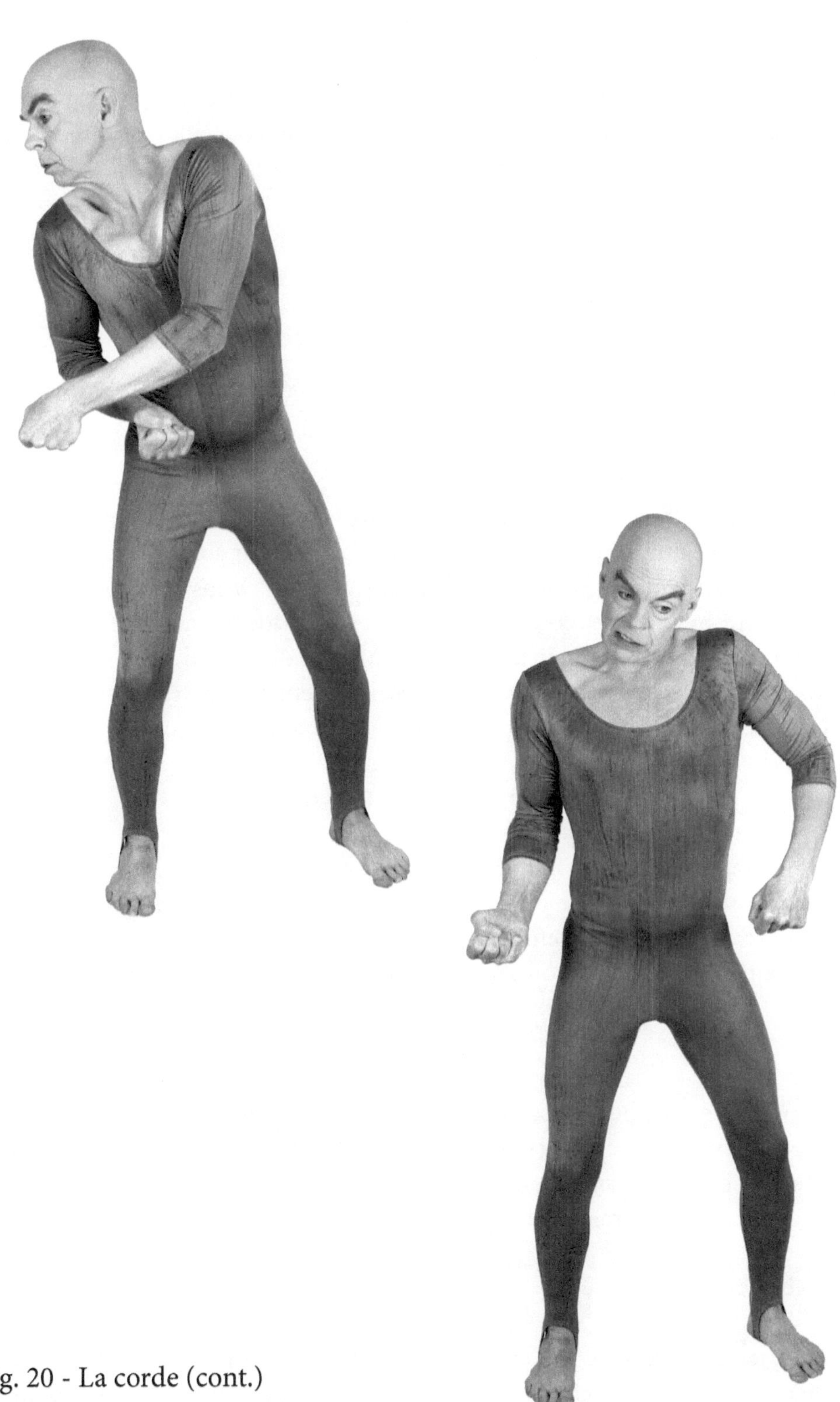

Fig. 20 - La corde (cont.)

Étude

Au beau milieu de la place, imaginez une corde attachée au plafond. De la même manière que vous avez tirez une corde, vous allez maintenant la grimper. Commencez bien assis au sol. Agrippez la corde bien solidement et soulevez-vous pouce par pouce jusqu'à être debout. Continuez de monter en étirant votre corps et en vous servant de vos pieds (axe 7) pour aller plus haut. Ici, n'oublions pas que c'est du point fixe dont il est question. Le travail du corps est colossal et important mais la foule doit rester fixé sur la corde.

Le mur et la boite

Version de point fixe pour la boite ou l'ascenseur. Pas besoin du miroir, allez au milieu de nul part. Une main après l'autre, longez le mur comme vous l'avez pratiqué sur un vrai. Changez l'angle pour créer votre deuxième mur, le troisième, le quatrième et le dessus aussi. Vous maintenant dans une boite. Si vous êtes confortable avec la technique, commencez à rétrécir la boite. Mur après mur, jusqu'à être prisonnier de la mini boite. Si vous en avez fait un ascenseur, oubliez le rétrécissement et essayez d'en sortir en tirant, poussant, appuyez sur les boutons en état de panique.

Le souque à la corde (jeu de groupe)

En groupe, transformez la simple corde en compétition. Une moitié du groupe reste assis pour observer et encourager les compétiteurs. Un de vous sera l'arbitre, au centre. Tous devront être attentif à vos directives physiques qui influenceront, à tour de rôle, le côté plus fort ou plus faible.

La marche

Différentes marches spectaculaires se sont développé sur scène et dans la rue par les mimes, clowns et danseurs. Le plus connu est bien évidemment Michael Jackson mais n'oublions pas Red Skelton, Marcel Marceau, James Brown et d'autres maitres du mouvement.

Exercices

Mon jeu préféré avec les enfants, pour l'étude et la pratique des marches de mime, c'est la marche par-dessus les tomates dans le jardin. Les enfants adorent cet exercice facile à comprendre. Vous êtes debout, devant votre jardin imaginaire. Levez un pied et passez par-dessus une tomate. Touchez le sol avec la plante du pied en premier puis écrasez la tomate. Continuez le même stratège avec l'autre pied. Répétez plusieurs fois ces mouvements. Maintenant ajoutons un détail technique. Pendant que le premier pied écrase la tomate, le deuxième pied glisse vers l'arrière comme en essuyant le plancher. On enchaine donc, écrase et glisse, écrase et glisse. Pour cette démarche vous avancez réellement. Ensuite, on imagine que les tomates sont de plus en plus rapprochées les unes des autres. Le but est d'arriver à marcher sur place.

Avec le temps et un meilleur contrôle des techniques, vous en viendrez à créer différentes illusions comme la marche au ralentie, dans un rêve, en avançant, en reculant, sur place, et la plus populaire le Moon walk.

Pantomime

Définition

Toute performance joué ou dansé, dans laquelle l'acteur raconte une histoire sans l'usage du texte, et passe par les expressions du visage et du corps. Avec l'arrivée en force de Chaplin au cinéma, plusieurs producteurs de films muets ont adopté la pantomime pour limiter l'ajout de sous-titres.

La valise

L'utilisation d'objets réels pour vos pratiques, peut faciliter le développement de vos techniques jusqu'à ce que vous les maitrisiez assez pour tout faire sans accessoires. Pour le numéro de la valise, c'est différent. Vous utilisez l'objet réel parce que l'accessoire devient un personnage. Le scénario est à votre choix. Cela peut être un combat parce que vous essayez de la voler ou encore parce qu'elle est têtue et refuse de vous suivre. Les expressions de visage feront toute la différence. Cela peut aussi être une histoire d'amour compliqué entre vous et la valise. Sur le plan technique c'est pareil. Vous avez besoin du point fixe, du contrepoids, du rebond et tous les axes disponibles. À vous de choisir les dynamiques de mouvements. Les mimes comme les clowns la joue à différentes vitesses.

The mime fait son entrée sur scène, voit la valise et s'en approche. En essayant de la soulever, il se réalise qu'elle est très lourde. Après quelques efforts il arrive à la soulever et peut donc l'emporter. Après quelques pas, elle s'immobilise dans la vide. Le mime tire sans succès et la valise le ramène au point A. Le mime remet sa force en question et tente à nouveau de la soulever. Le nombre de tentatives reste à votre choix. Assurez-vous de créer une montée dans les efforts démontrés au niveau corporel autant que par vos expressions faciales. Variez aussi les façons de la lever, tirer et pousser. Après avoir réussi à faire quelques pas de plus dans la direction voulu, vous avez le choix de sortir vainqueur, valise sous le bras, ou de perdre et de vous faire sortir par la valise du côté opposé.

Le sonneur de cloches

Maintenant que vous contrôlez bien votre équilibre et la technique du point fixe, vous êtes prêt pour l'exercice classique du sonneur de cloches. Vous serez, au choix, un moine méditant ou une très vieille personne.

Le personnage entre en scène. Rendu à la corde, agrippez là fermement avec les deux mains et tirer vers le bas jusqu'à ce que le poids de la cloche vous remonte vers le ciel. Prenez soins de jouer de côté ou avec un angle assez important pour que le spectateur voit bien vos mains et votre visage. Les efforts contre la lourdeur de la cloche doivent se refléter autant sur votre visage que dans vos lignes de corps. Les dynamiques du rebond et de la vibration complèteront l'effet des retours et résonnances de la cloche.

Dans sa version classique, la cloche vous soulève du sol. Pour cet effet, il faut un très bon contrôle du septième axe. Cette légèreté entraine aussi de la joie et une sensation de jeunesse ou d'élévation spirituelle (dans le cas du moine). Le travail accompli, votre corps retrouve sa posture de départ et vous quittez… en paix.

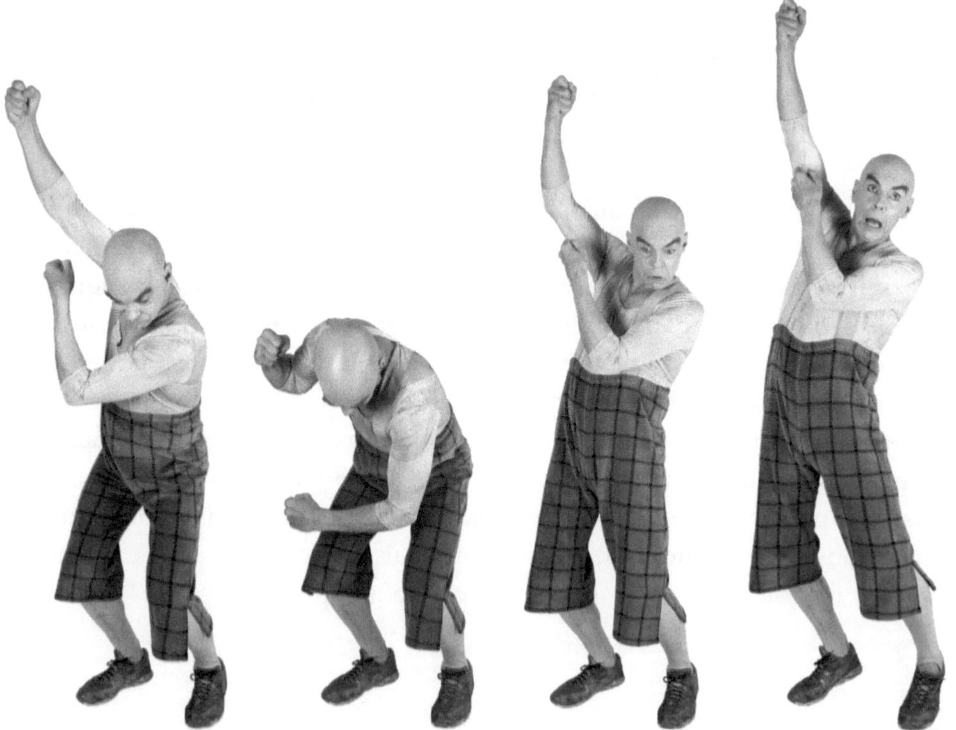

Fig. 20 - Le sonneur de cloches (cont.)

La marguerite

Voilà une classique parfaite pour exploiter tous les muscles du visage, les mains, les doigts et les lignes de corps, plus spécifiquement le haut du corps (axes 1-2-3).

Cette histoire est très connue en occident. Un pétale dit; elle m'aime! L'autre dit; il ne m'aime pas! Accordez le genre à votre goût. Le tout se passe entre vous et la fleur. Une dame d'âge respectable en a déjà cueilli trois à la fois pour assurer son bonheur.

Vous arrivez en scène et cherchez la plus jolie des fleurs. Cueillez là et approchez là de votre visage pour l'admirer. Au début de votre questionnement amoureux, gardez vos expressions petites et vos mouvements courts. Vous êtes heureux quand l'amour y est. Ça n'est pas si mal quand l'amour n'y est pas. Pétale après pétale, l'émotion lève d'un cran. On doit le sentir dans votre visage et par vos mains. N'oubliez pas que vous jouez pour les gens devant vous. Vos mains ne doivent pas cacher votre visage. Même quand les mouvements sont petits, gardez les mains distantes ou sur les côtés.

Encore quelques pétales et vos expressions, vos mouvements et lignes de corps, grandissent et explosent. Au point de croire que l'amour vous donne des ailes mais, si le dernier pétale est négatif, c'est la mort qui vous guette.

À vous de choisir si l'histoire sera dramatique, triste ou intense. C'est votre vie après tout.

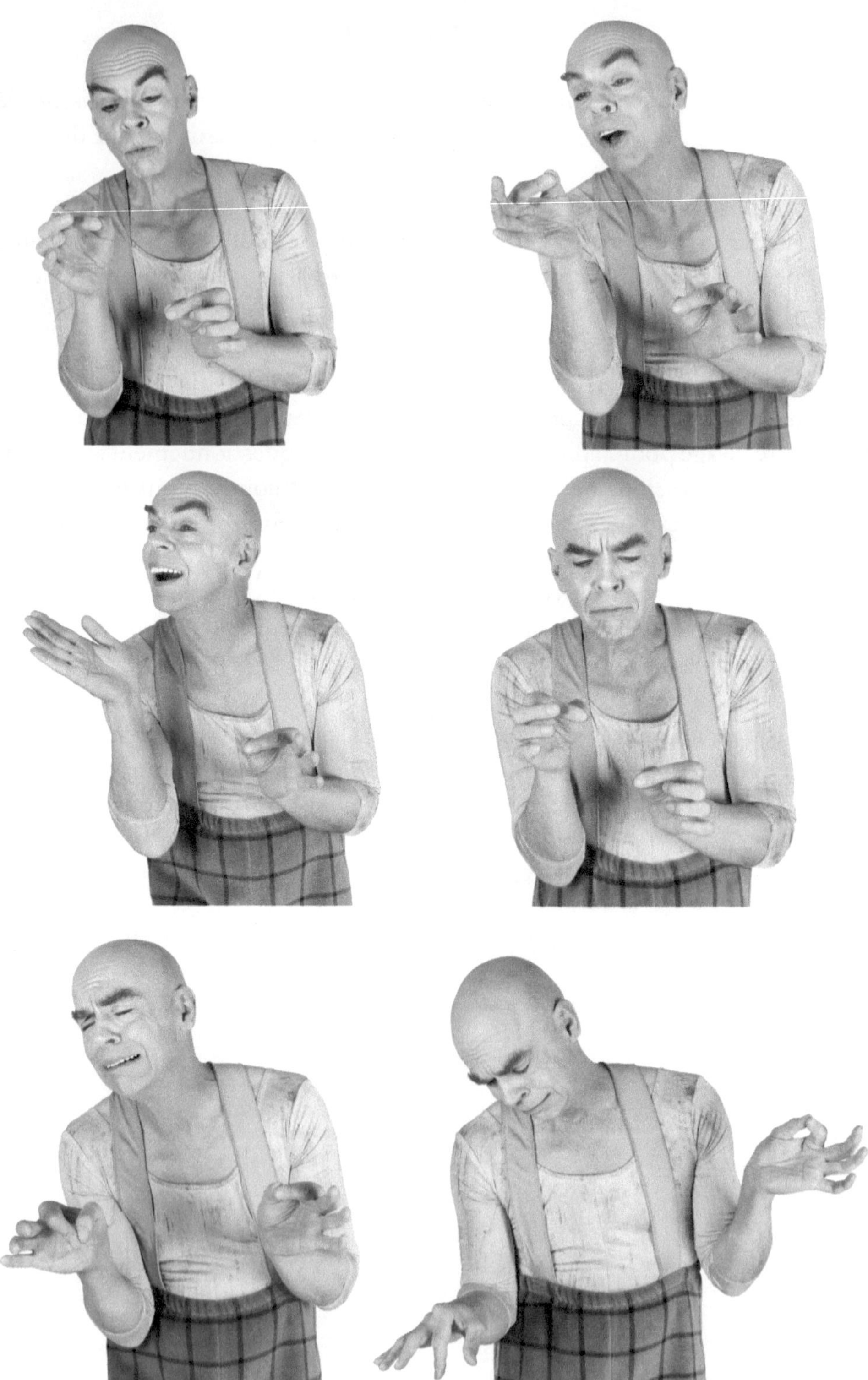

Fig. 21 - La marguerite
38

Le fil de fer (La corde raide)

The Circus, le film de Charlie Chaplin, peut être très inspirant avant de travailler sur l'exercice du fil de fer. À l'opposé de la marguerite, celui-ci vous en demandera beaucoup au niveau des jambes. La dynamique du rebond sera nécessaire pour chaque segment de votre corps.

L'histoire est simple, il vous faut marcher du point A au point B en souhaitant ne pas tomber, et mourir. Une fois réussi, il ne reste qu'à revenir de la même façon du point B au point A. Entre les deux se joue votre vie.

Vous êtes nerveux, glorieux ou totalement ivre sur le fil? Évitez le flirt avec cette personne de la troisième rangée. Vous savez pourtant qu'il est très risqué de regarder en bas. Un oiseau pourrait démolir votre performance. Plusieurs funambules ont pour allié, un parapluie, une perche ou une plume afin d'assurer leur équilibre. Évidemment, vous devrez sauter, danser, et tourner pour impressionner la foule.

Tout ça sans oublier que pour chaque action, chaque pas, il y aura plusieurs rebonds dans vos genoux, vos bras et votre tête. Vous avez réussi, la foule est en délire, vous pouvez quitter la scène. Quelques morceaux de votre corps ont encore du ressort, des rebonds.

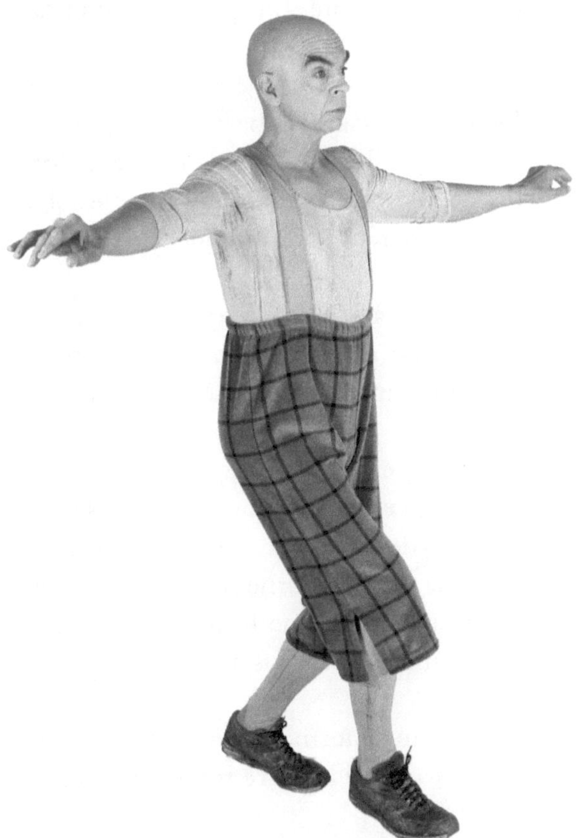

Fig. 22 - Le fil de fer

L'haltérophile

Vous aurez besoin ici de tous les muscles du visage et du corps ainsi que de toute la testostérone imaginable. Vous êtes aux jeux olympiques, en haltérophilie. Avant même d'entrer, demandez-vous qui vous êtes, un géant à taille de sumo ou un poids plume? Apportez avec vous, vos expressions faciales, les sept axes, les quatre dynamiques, et la technique du point fixe.

L'athlète fait son entrée, intensément concentré, il fixe l'haltère qu'il doit soulever. Ses respirations sont celles d'un Yogi. La machine à muscles agrippe la barre, une main à la fois et regarde droit devant.

Premier essaye, c'est trop lourd. Son corps a bougé mais la barre est restée immobile. Essaye ratée. L'athlète se remet en position et respire profondément. Il ajoute de la craie sur ses mains, il est déterminé.

Le géant est de retour. Même regard concentré. Il agrippe la barre avec plus d'agressivité. On peut imaginer la force colossale qui sortira de ces muscles.

Deuxième essaye, la barre quitte le sol facilement. On peut voir le ressort dans les jambes, ses yeux cherchent alors que l'haltère est bloqué au niveau des épaules. La barre retombe sur le sol. Ici, utilisez la dynamique du rebond avec votre tête pour indiquer que la barre rebondit sur le sol. Essaye ratée.

De retour à la boite à craie pour en couvrir ses mains et ses bras tout entiers. Le monstre retourne à la barre avec rage, il respire comme un taureau et marche comme un lutteur.

Troisième et dernier essaye, notre matamore agrippe et soulève la barre d'un seul mouvement. Il pousse et pousse jusqu'à ce que la barre s'immobilise juste au-dessus de la tête. Concentré, il évalue la situation, laisse la barre dans les airs, retourne à la boite à craie et se couvre les mains, les bras, les épaules et même le front. Il revient et pousse la barre au maximum. Troisième essaye, réussi.

Vous pouvez terminer ici, et saluer. Ou encore lui donner une finale plus rigolote quand la barre refuse de revenir au sol.

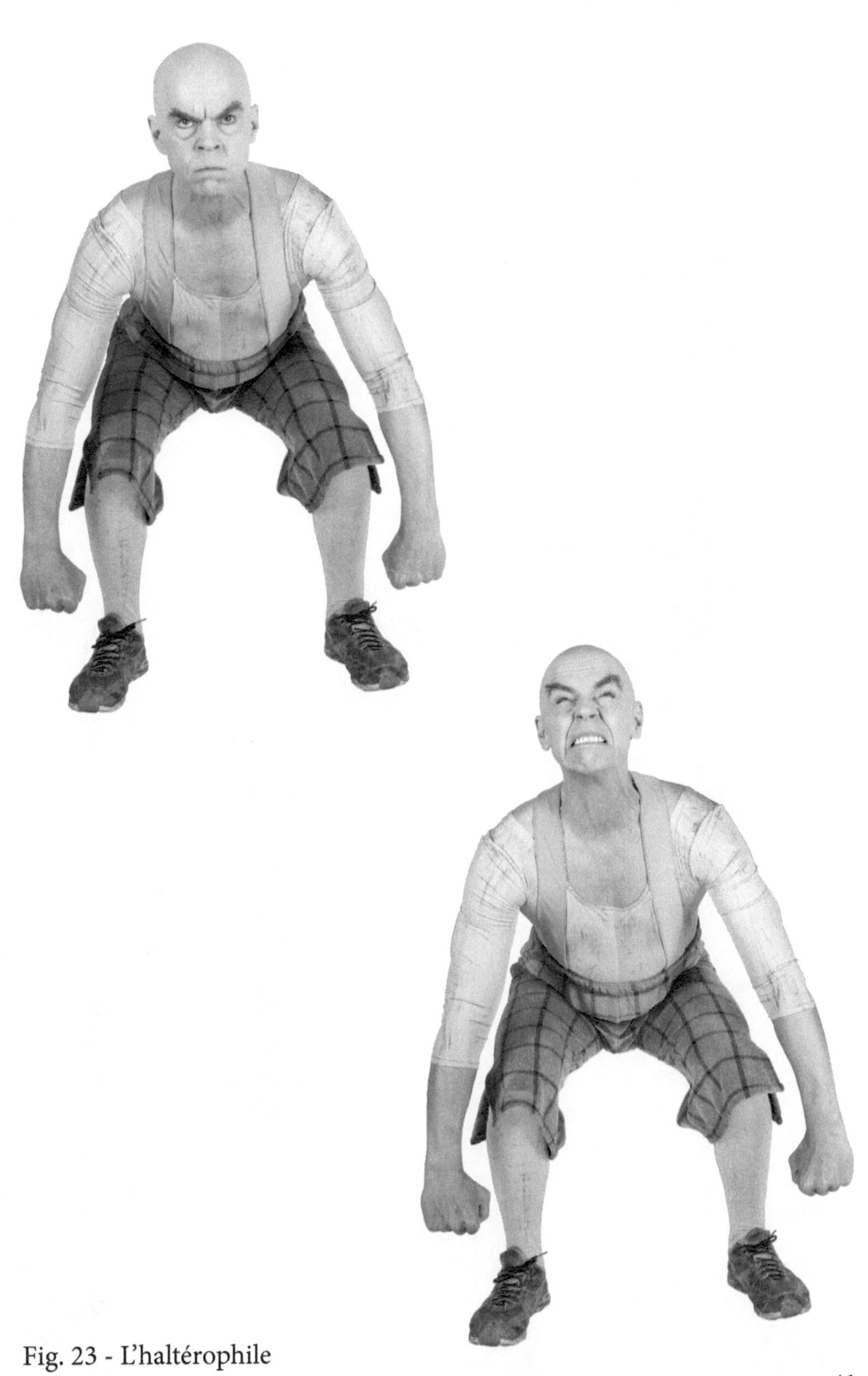

Fig. 23 - L'haltérophile

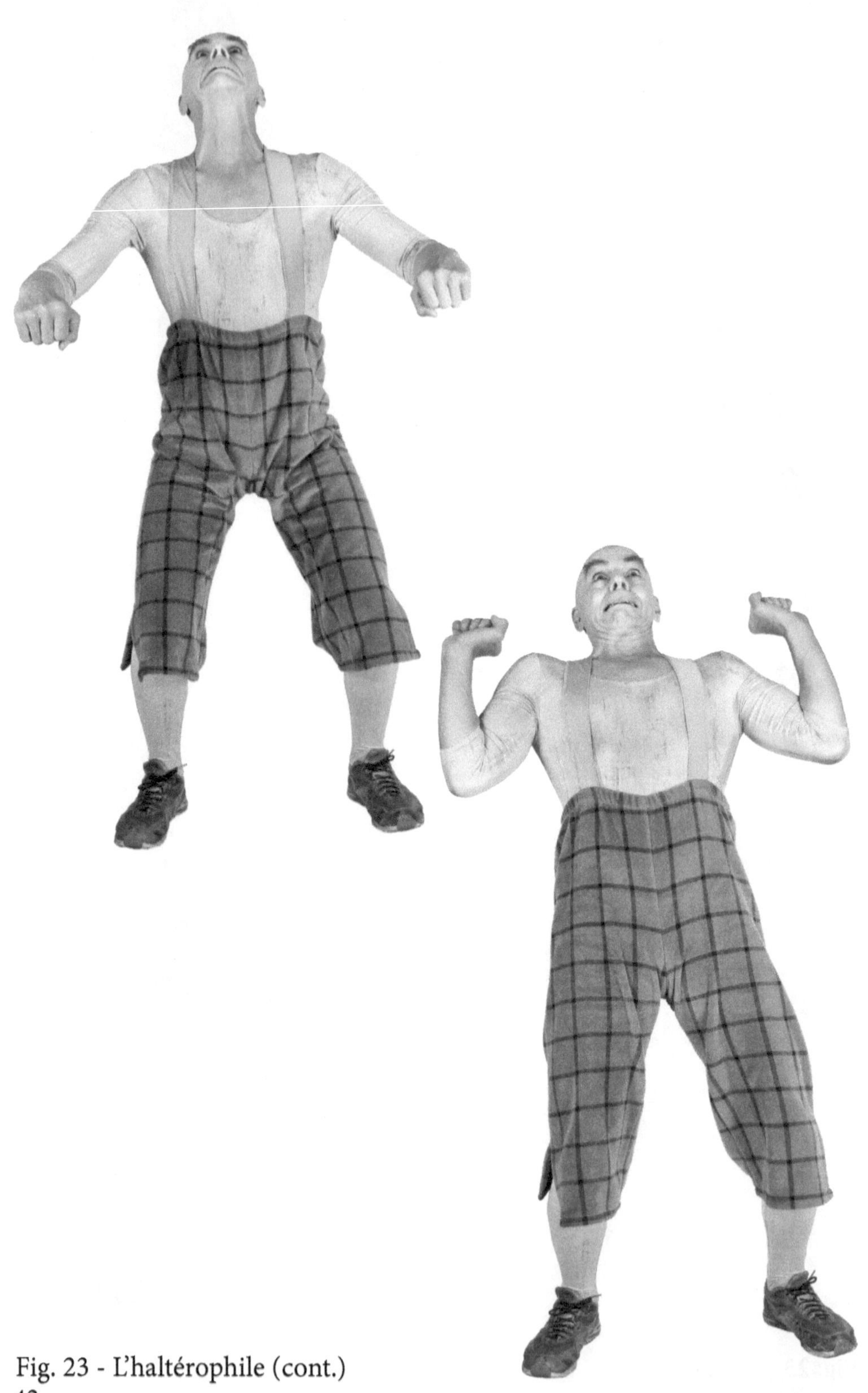

Fig. 23 - L'haltérophile (cont.)
42

La chaise (Duo)

Il y a une chaise sur la scène, une seule. Il y a deux mimes qui s'amènent sur scène, un de chaque côté. Ils veulent s'asseoir, les deux veulent s'asseoir. Problème!

Ce numéro n'est pas compliqué. Il y aura compétition pour le droit de s'asseoir sur la seule chaise disponible.

En principe, les deux mimes sont polis. À tour de rôle, ils refuseront de prendre place et offriront la chaise poliment, plus poliment et encore plus et plus. Le but étant de provoquer une montée dans la gestuelle de politesse, une gentillesse extrême, des sourires exagérés et des mouvements démesurés jusqu'à ce qu'un des mimes perde patience.

Ensuite, retournement de situation, le jeu devient un combat agressif pour convaincre l'autre de prendre la damnée chaise et de s'y asseoir. Ici, on retrouve la même montée gestuelle, les mêmes expressions faciales à la différence que tout devient dure et directif.

Dans la version que je jouais avec mon mentor, une troisième personne passait en lisant son journal et sans nous voir, prenait place sur la chaise, notre chaise. Pour nous, il ne restait qu'à quitter en pleurant.

Cette pantomime peut être aussi être joué entre mime et une ballerine. La montée devient une compétition entre le langage de la dance et celui du mime. Même chose en combinant d'autres disciplines des arts physiques.

Improvisation

Duo

Le miroir

Face à face avec votre partenaire, un des deux sera le mouvement et l'autre, le reflet. Bougez lentement pour permettre à l'autre de suivre plus facilement. Passez des mouvements courts à des mouvements plus longs. Changez de direction. Changez vos lignes de corps et vos expressions faciales. Après quelques minutes, inversez les rôles.

Solo

Démarches de personnages

Marchez normalement. Après quelques secondes, devenez un vieil homme, ensuite une jeune femme, un ivrogne, un enfant qui joue, Godzilla qui marche sur la ville, ensuite…continuez de vous transformer tant et aussi longtemps que vous aurez de l'imagination.

Action-réaction

Imaginez un objet que vous pouvez transformer autant de fois que vous désirez. Chaque objet se fondra dans le suivant et votre personnage devra s'y adapter en utilisant les expressions faciales et tous les axes du corps. Par exemple, vous marchez à l'aide d'une canne, la canne devient un parapluie, qui devient un pistolet, qui devient une canne à pêche, qui devient un bâton de baseball, qui devient une hache et ainsi de suite.

Amusez-vous, soyez créatif.

Le silence vous parle.

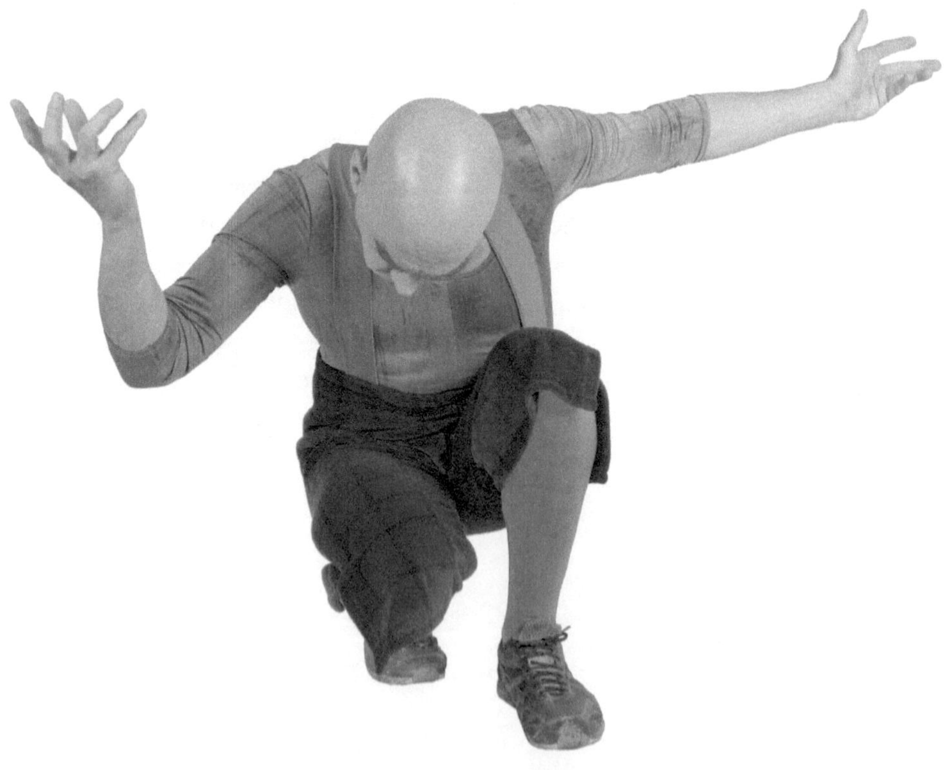

À propos de l'auteur

Né en 1958 à Louiseville, Canada, Mario Diamond a découvert le mime en même temps qu'il étudiait la littérature au CEGEP. En 1976 Mario se retrouve sur scène pour la première fois.

Quatre décennies plus tard, il a fait plus de 10,000 représentations en Europe, Asie, Amérique du nord et du sud. Il a aussi joué à la télévision et au cinéma.

Toujours captivé par l'art silencieux, Mario a développé son propre style et des techniques d'enseignement applicables en jeu physique pour les artistes de cirque, acteurs, patineurs artistiques et politiciens. Une technique en trois étapes; Apprendre, Pratiquer, Appliquer.

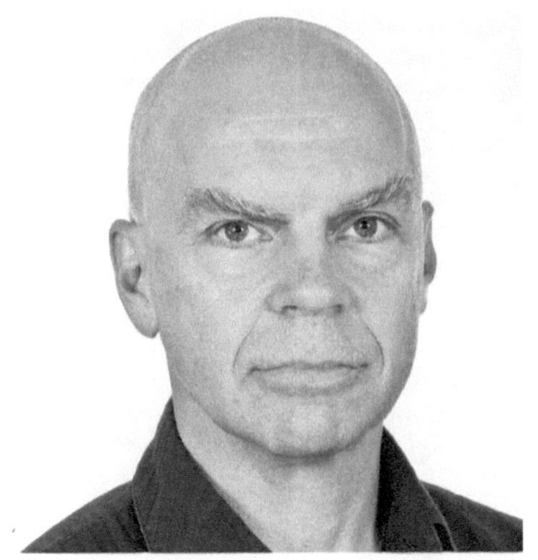

Pour plus amples informations à propos de Mario Diamond
Allez voir son site web www.mimemario.com

Autres titres par Modern Vaudeville Press

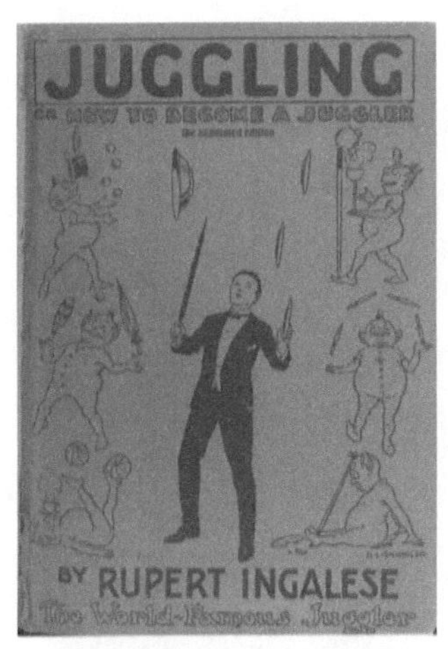

Juggling: Or How to Become a Juggler (annotated edition)

Rupert Ingalese, annotated by Thom Wall
ISBN – 978-1733971201
99 pages
MSRP: $15 USD

The fully annotated edition of Rupert Ingalese's 1921 "how to juggle" manual. This book covers basic juggling technique, tricks with hats and canes, practice methodology, and more. Ingalese's manuscript provides an interesting look at the state of juggling pedagogy in Britain's music hall era. Annotations by juggler and circus researcher Thom Wall bring insight and context to Ingalese's descriptions and instructions.

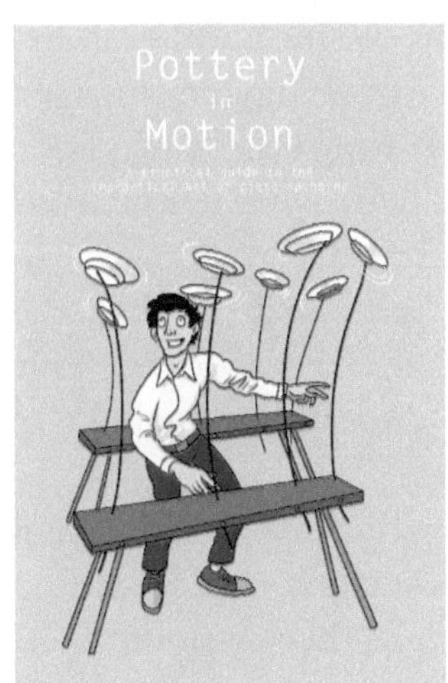

Pottery in Motion

Sam Veale
ISBN – 978-1733971232
71 pages
MSRP: $15 USD

British juggler Sam Veale's *Pottery in Motion* is the first of its kind - a straightforward book that provides aspiring plate spinners both the specifics of the props (such as plates, sticks, and rack) and comprehensive instruction on the skill of plate spinning itself. This small but detail-packed guide appeals to individuals looking to learn plate spinning and provides the knowledge to take it to a performance-ready level, just add practice.

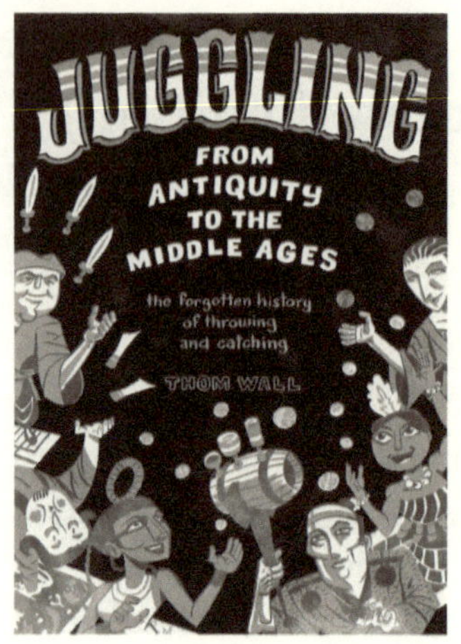

Juggling: From Antiquity to the Middle Ages

Thom Wall
ISBN – 978-0578410845
129 pages
MSRP: $25 USD

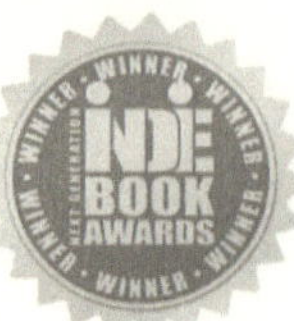

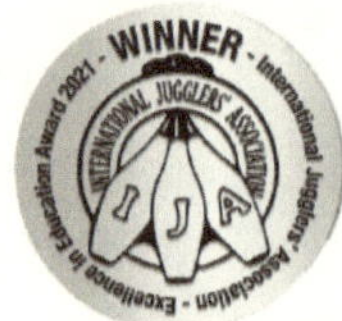

As with dance, so with juggling—the moment that the performer finishes the routine, their act ceases to exist beyond the memory of the audience. There is no permanent record of what transpired, so studying the ancient roots of juggling is fraught with difficulty. Using the records that do exist, juggling appears to have emerged around the world in cultures independent of one another in the ancient past. Paintings in Egypt from 2000 BCE show jugglers engaged in performance. Stories from the island nation of Tonga place juggling's creation with their goddess of the underworld—a figure who has guarded a cave since time immemorial. Juggling games and rituals are pervasive in isolated Inuit cultures in northern Canada and Greenland. Though the earliest representation of juggling is 4,000 years old, the practice is surely much older—in the same way that humans were doubtlessly singing and dancing long before the first bone flute was created.

This book is an attempt to catalogue this tangible history of juggling in human culture. It is the story of juggling, represented in art and writing from around the world, across time. Although much has been written about modern jugglers–specific performers, their props, and their routines–little has been said about those who first developed the craft. As juggling enters a golden age in the internet era, *Juggling: From Antiquity to the Middle Ages* offers a look into the past—to the origins of our art form.

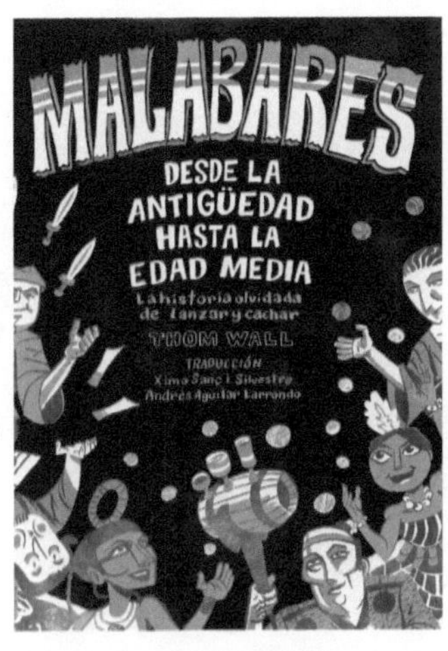

Spanish Edition:

Malabares - desde la Antigüedad hasta la Edad Media: la historia olvidada de lanzar y cachar

Thom Wall, et. al.
ISBN – 978-1733971263
179 pages
MSRP: $25 USD

Malabares - desde Antigüedad hasta la Edad Media, es un divertido viaje por países, por épocas. Desde el Antiguo Egipto y sus ya famosas malabaristas profesionales de la tumba nº 15 de Beni Hasan, a los juegos para niñas de la isla de Tonga y otras zonas del Pacífico Sur; pasando por los edictos del rey Alfonso X de Castilla sobre la regulación de los juglares o los antipodistas aztecas actuando ante el Papa Clemente VII en el siglo XVI. También reserva un espacio al final del libro para, aprovechando su faceta de lingüista, realizar unas reflexiones acerca de la propia definición de la palabra "juggling"[malabarismo] a lo largo del tiempo y sus orígenes. Es, por tanto, un libro ideal no solo para malabaristas o cirqueros, sino para cualquiera con curiosidad sobre la historia, en especial de aquellos hechos que en ocasiones pasan más desapercibidos en los textos cotidianos.

A través de este libro aprendemos sobre leyendas y juegos antiguos, fantaseamos con grandes artistas y actuaciones que nunca podremos ver y que nos hacen dudar sobre esa tan manida sentencia que a veces afirma "esto nunca se ha hecho antes". *-Malabares en su Tinta*

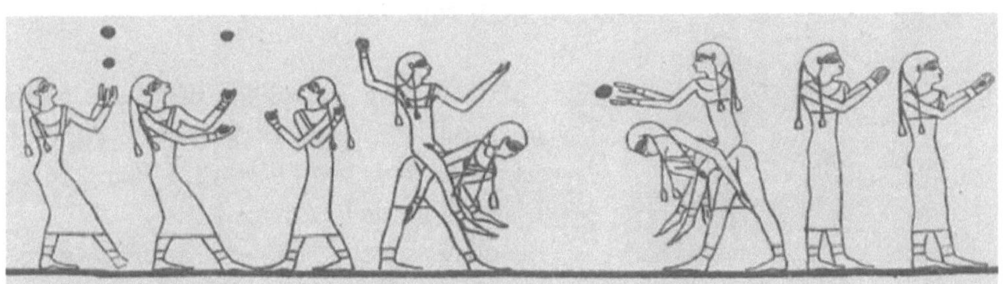

Juggling: What It Is and How to Do It

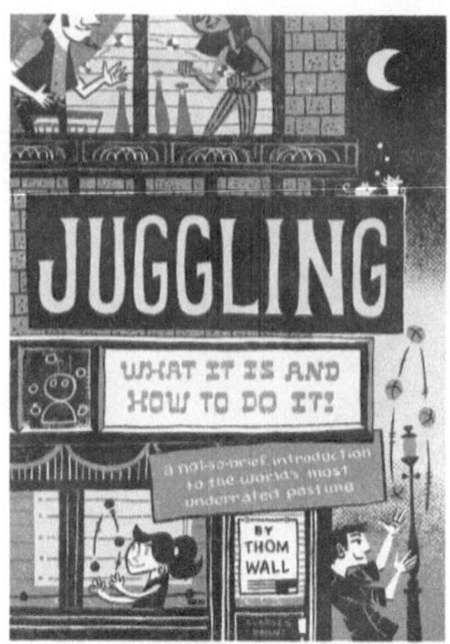

Thom Wall, et. al.
ISBN – 978-1-7339712-5-6
224 pages
MSRP: $25 USD

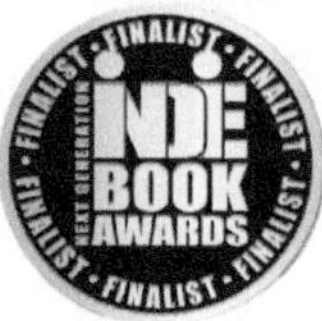

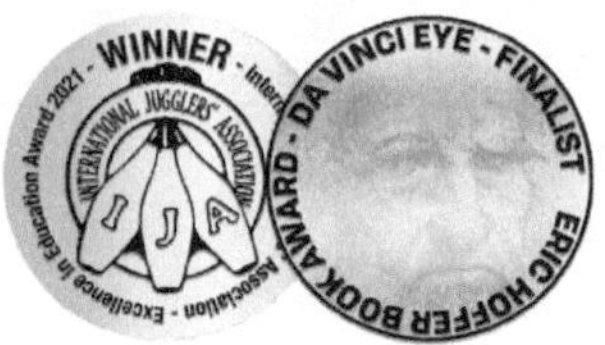

Juggling: What It Is and How to Do It teaches learners of all ages how to juggle – one of the world's oldest artforms. With a kind demeanor, humor, and enthusiasm, this authoritative manual explains the process of juggling through four different modalities, bolstered by the latest physical education research.

Juggling is an accessible primer that a middle-schooler can hit the ground running with, or that families can enjoy together. The result of six years of work by 2021 International Jugglers' Association *Excellence in Education* award winner and former Cirque du Soleil juggler Thom Wall and featuring guest chapters by some of today's juggling masters, *Juggling* provides a wealth of content for even the most serious adult learner.

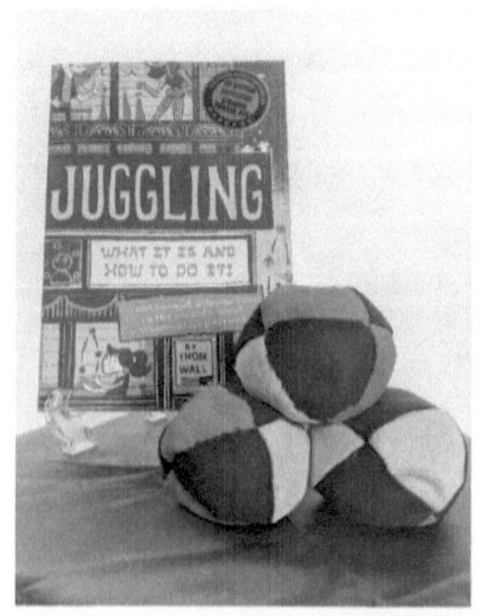

Book plus Juggling Kit!
Includes juggling balls by Alchemy Juggling

MSRP: $60 USD

This exclusive kit makes the perfect gift for any aspiring juggler. Includes one copy of *Juggling: What It Is and How to Do It* and three professional-grade beanbags.

Beanbag specs: 90g ea., approx. 2.75" diameter. Machine washable / dryable. Made in USA.

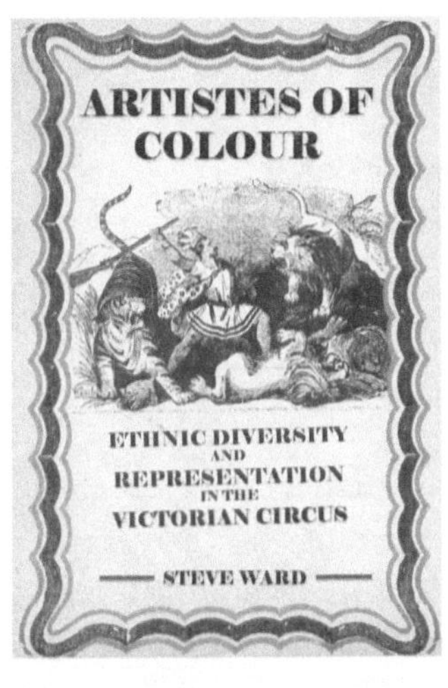

Artistes of Colour

Steve Ward, PhD
ISBN – 978-1-7339712-7-0
317 pages
MSRP: $25 USD

In a society that places an increasing value in ethnic diversity and cultural identity, the contribution that performers from a variety of ethnic backgrounds made to the development of the circus in the nineteenth century is often dismissed and largely forgotten. Using contemporary records and images, *Artistes of Colour* explores the wealth and depth of talented black and other performers of colour, and the contribution they made to the success of the nineteenth century circus. Ward draws iconic figures from the margins of history and gives them the recognition they deserve, illustrating what the BBC calls "a field of study that has been overlooked far too long."

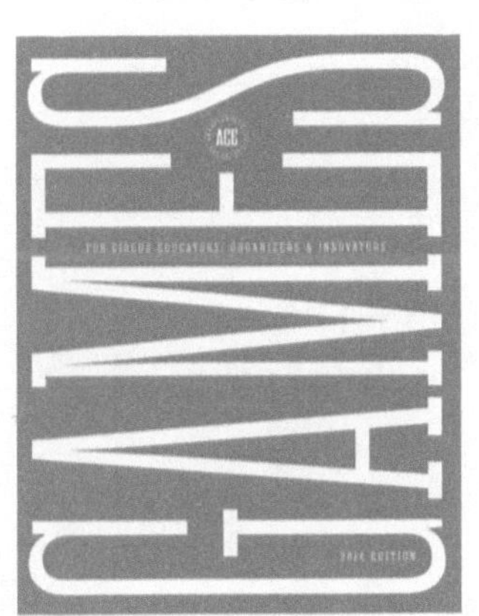

Circus Games

Compiled by Lucy Little & the American Youth Circus Organization (AYCO)
ISBN – 9781733971225
124 pages
MSRP: $15 USD

With over 100 games organized for optimal use in cooperative movement based settings, this is a must have for every circus school, teaching artist, and arts education program! Games are organized by age, number of participants, energy level, and social/emotional learning outcome, and also includes special notes for working with a variety of populations that may require adaptation or modifications to each game. Find more info about the project here:
https://www.americancircuseducators.org/gamesproject/

Circus Training Journal

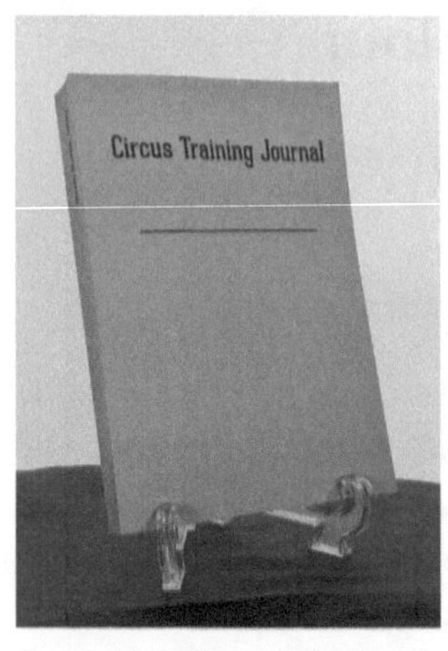

Thom Wall & Rebecca Starr,
Consultant editor: Sarah Baker
ISBN – 978-1-7339712-9-4
9×6" paperback
380 pages
MSRP: $20 USD

What's measured is managed! The *Circus Training Journal* is the result of a year of collaboration between Thom Wall and Rebecca Starr, head aerial coach at Circadium: School of Contemporary Circus. This undated journal, which spans three months of daily training, tracks workouts, nutrition, goal-setting, and more. Heavyweight groundwood paper optimized for ballpoint and pencil.

Mongolian Contortion: An Ethnographic Inquiry (monograph)

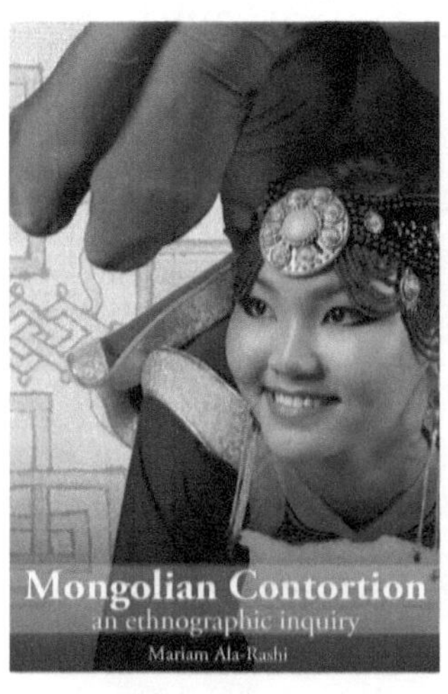

Mariam Ala-Rashi
Monograph / no ISBN
100 pages
MSRP: $10 USD (eBook)
$15 USD (archival print)

This project introduces the performance art form of Mongolian contortion by examining its theories and functions before and after the establishment of the Mongolian State Circus in 1941. Through qualitative research it investigates events that led to the transformation and re-emergence of Traditional Mongolian Contortion in Mongolia as an international export to the West in recent years. Mongolian Contortion examines the numerous challenges contortionists face with traditional aesthetics and presentations, and proposes solutions for the safeguarding of this art form.

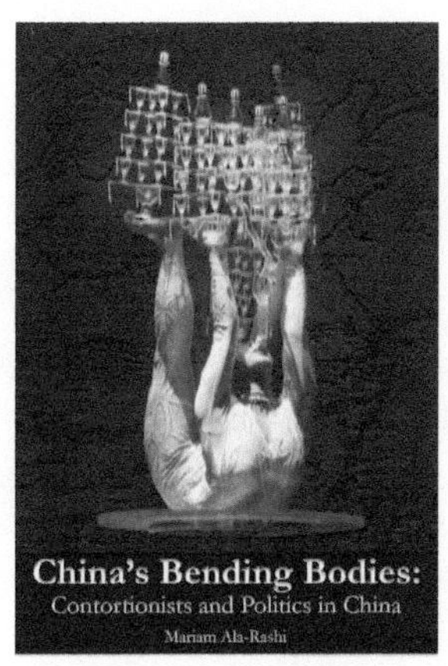

Chinese Contortion (monograph)

Mariam Ala-Rashi
Monograph / no ISBN
138 pages
MSRP: $10 USD (eBook)
         $15 USD (archival print)

This research study proposes an introduction to the performance art form *contortionism* by examining its theories and functions throughout the 20th and 21st century. It considers themes including the appropriation of contortionism during the golden age of Hollywood and discusses definition issues between contortionism and other disciplines that highlight body flexibility, such as gymnastics and yoga. By examining the genesis of contortionism in ancient China, it aims to explore parallels between the origins of Chinese contortionism and the establishment of Chinese acrobatics. It later dissects the political use of contortionism in socialist China and the development and institutionalization of acrobatic troupes since the founding of the People's Republic of China in 1949. Drawing upon a Foucauldian perspective, it further examines the parallels between the Western training of soldiers during the 17th and 18th century, and methods of traditional Chinese acrobatic training in the 21st century at the *Beijing International Art School*. This monograph includes data from a wide range of literature, material evidence, oral history, current media reports, and considers recent work in anthropology, archaeology, and political history. It, therefore, offers the interested reader, the scholar, the contortionist and contortion practitioner a substantial treatise about the art-form *contortionism*.

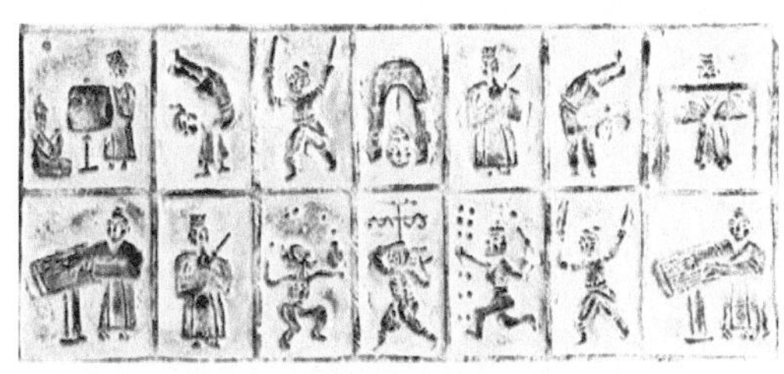

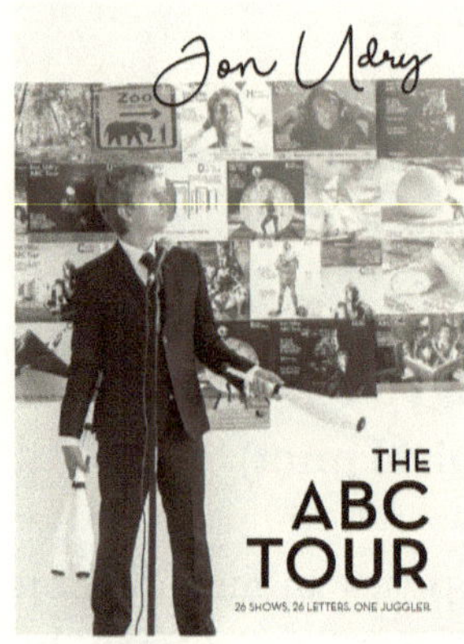

The ABC Tour

Jon Udry
ISBN – 978-0578410852
MSRP: $25 USD

Ever felt like a challenge? For juggler and comedian, Jon Udry, the ABC Tour — 26 letters, 26 shows — seems the perfect way to shake things up.

What started as a silly idea he believed would take two to three months to complete, ended up being a mammoth three year project that included some of the toughest, most brutal and most enjoyable performances of his life.

From attempting to juggle while wearing roller skates and the unexpected discoveries of performing at a Naturist's Resort, to the challenges that came with working in rainforest conditions covered in ants or in snowy conditions at -10°C, Jon tells the full story from A to Z.

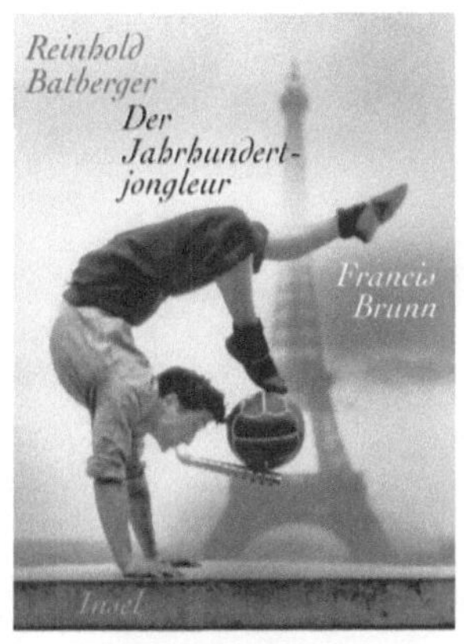

The Century's Juggler

Reinhold Batberger, translated by
Kathrin Wagner, edited by Thom Wall
MSRP: $25 USD

He throws a ball in the air and makes millions. And millions of people watch – and did for more than fifty years.

His performance takes seven minutes, and that's his life. Reinhold Batberger tells a family story – the story of a world career, the story of the life and art of juggler Francis Brunn (1922-2004).

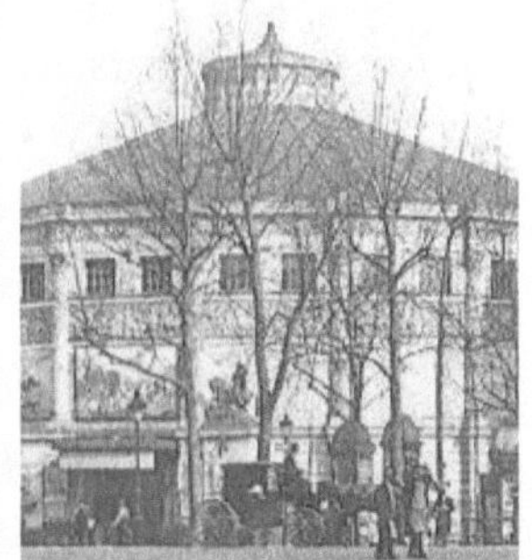

Opulence & Ostentation

Steve Ward, PhD
ISBN: TBD
MSRP: $25 USD

Mention the word circus and often the first thought is of the Big-Top. But before the advent of this iconic structure, early 'circus' performances were given in the open air. Later came temporary wooden structures and then canvas tents. During the nineteenth century, particularly the latter part, a wave of civic building saw many grand permanent circus venues built across Europe, and beyond. A few of these buildings still exist today as circus venues; others have been repurposed, and many have long since disappeared. *Opulence & Ostentation* traces the fascinating and colourful history of the permanent circus building.

Modern Vaudeville Press is a mission-driven, artist-owned independent publishing company. We strive to build a platform for unique nonfiction titles in juggling, circus, vaudeville, and related fields. MVP aims to drive the conversation about circus forward by increasing accessibility to high-quality titles about the history and instruction of circus arts.

Our award-winning books are carried in shops on four continents, as well as by many large online retailers.

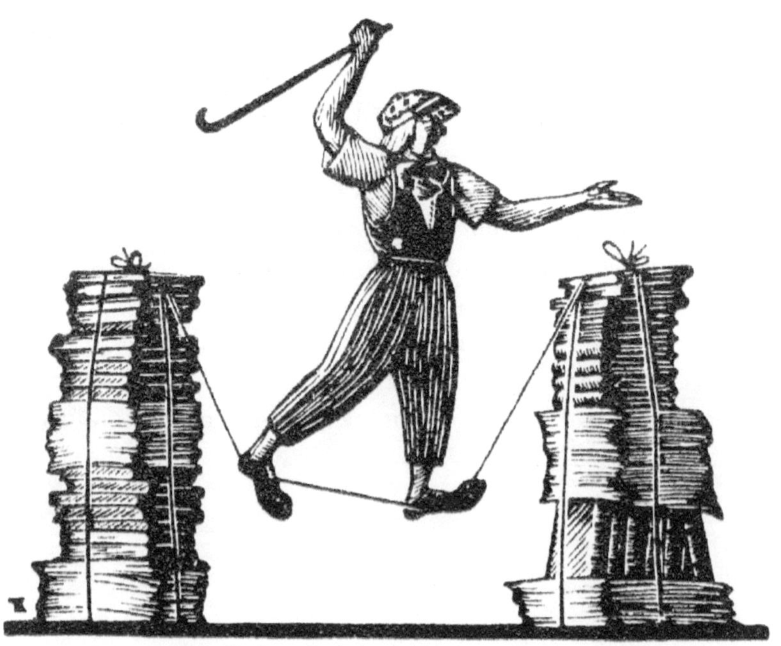

Oleg Popov Bookplate. G. Kravtzov. 1968.

www.ingramcontent.com/pod-product-compliance
Lightning Source LLC
Chambersburg PA
CBHW021345060726
47591CB00006B/2165